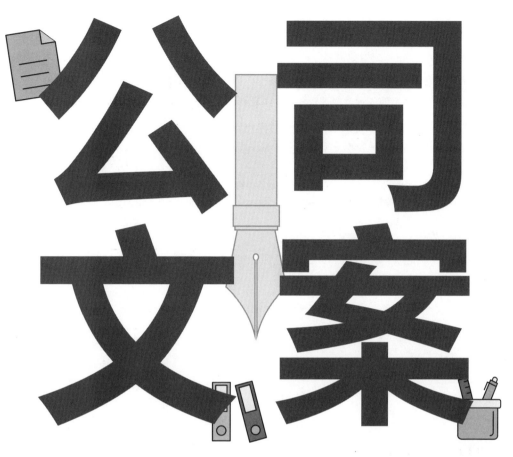

# 公司文案

# 写作技巧与范本精讲

罗丹丹 ◎ 编 著

U0274479

清华大学出版社
北京

## 内容提要

这是一本关于公司文案写作的工具书,全书以"基础知识+实例范本"为结构进行内容说明。全书共8章,主要分为四个部分。第一部分是文案写作的入门内容;第二部分主要对文案的基本结构进行描述;第三部分介绍了文案中的图片运用、版式设计以及不同的写作技巧;第四部分分别对文案的各种类型进行分析。读者通过本书的学习能有效提高写作水平。

本书定位于各行业的职场人士,尤其是宣传岗位人员与营销人员,希望读者通过对本书的学习,能够更顺利、流畅地进行企业文案写作。

**图书在版编目(CIP)数据**

公司文案写作技巧与范本精讲 / 罗丹丹编著 . —北京:清华大学出版社,2023.7

ISBN 978-7-302-64210-7

Ⅰ . ①公… Ⅱ . ①罗… Ⅲ . ①公司—企业管理—文书—写作 Ⅳ . ① H152.3

中国国家版本馆 CIP 数据核字(2023)第 134123 号

责任编辑:李玉萍
封面设计:王晓武
责任校对:张彦彬
责任印制:沈 露

出版发行:清华大学出版社

    网　　址:http://www.tup.com.cn,http://www.wqbook.com
    地　　址:北京清华大学学研大厦 A 座　　　邮　编:100084
    社 总 机:010-83470000　　　　　　　　邮　购:010-62786544
    投稿与读者服务:010-62776969,c-service@tup.tsinghua.edu.cn
    质 量 反 馈:010-62772015,zhiliang@tup.tsinghua.edu.cn

印 装 者:天津鑫丰华印务有限公司

经　销:全国新华书店

开　本:170mm×240mm　　印　张:17　　字　数:326 千字

版　次:2023 年 9 月第 1 版　　印　次:2023 年 9 月第 1 次印刷

定　价:59.80 元

产品编号:095980-01

# 前言

## 编写目的

相信很多职场人士都认为公司文案的书写是宣传岗位的职责，其实只要参与了公司的经营活动，就有必要进行公司文案的写作，这一点在日常工作中常常被忽略。公司文案的类型有很多，包括广告文案、科普文案、活动推广文案、各种声明文案等，无论哪种类型的文案都是从不同方面展示企业的，所以职场人士尤其是宣传岗位人员，都应掌握基本的文案写作方法和技巧。本书从文案本身入手，介绍了各种文案的写作方法，可供读者借鉴学习。

## 本书内容

本书总共8章，从文案快速入门开始，对企业文案的基本结构、进阶写作技巧以及各种文案类型进行介绍。全书主要分为四个部分，具体介绍如下。

| 部分 | 章节 | 内容 |
| --- | --- | --- |
| 文案快速入门 | 第1章 | 该部分是文案写作的入门内容，介绍了文案写作的必知事项、准备工作及广告语写作，帮助读者认识文案写作的基础知识，方便其展开后续内容的学习 |
| 文案基本结构 | 第2~3章 | 该部分主要介绍文案的基本结构，包括标题、开头、正文和结尾，通过对文案进行分解，帮助读者了解文案各部分的作用和写作要点，有效降低写作难度 |
| 文案写作技巧 | 第4~6章 | 该部分主要介绍文案中的图片运用、版式设计，以及不同的写作技巧，让读者不仅可以进行基础的写作，还能有效提高文案的关注度 |
| 文案分类 | 第7~8章 | 该部分主要介绍文案的各种类型，尤其是自媒体文案，让读者把握不同平台的文案写作要点 |

## 本书特点

### ◎基础知识

为了全面解析公司文案写作，本书围绕文案的结构、组成要素及修饰技巧逐一介绍，将多且密的知识点分门别类，帮助读者循序渐进地了解对应知识，不至于混乱。

### ◎实例范本

针对重要的知识点，本书提供了实例范本，从真实文案中节选精彩内容进行解析，让读者看到优秀的文案是如何书写的，帮助读者厘清行文逻辑，读者理解后可轻松借鉴。

### ◎拓展贴士

为了丰富本书的内容与结构，特别增加了拓展贴士内容，灵活插入书中各处，补充企业文案写作的知识点，丰富读者的知识结构，使读者能从中掌握更多技巧。

## 读者对象

本书主要适用于各行业的职场人士阅读借鉴，尤其是宣传岗位的人员，同时可作为企业营销的参考资料。

由于编者知识有限，书中难免出现纰漏或不足之处，恳请专家和读者不吝赐教。

编 者

# 目录

## 第 1 章　公司文案写作快速入门

# 第2章　文案标题与开头的书写

## 第 3 章　文案正文与结尾的书写

# 第4章 文案图片与版式设计掌握

# 第5章　润色文案内容使阅读量飙升

## 第8章 公司文案写作实例取长补短

# 第1章 公司文案写作快速入门

公司文案是基于企业的各项经营活动而策划的，目的是告知大众本企业的各项经营活动内容，同时宣传推广企业及产品。要写好企业文案，首先要对文案写作的基本要点进行了解，本章将具体介绍有关内容。

把握文案书写基本原则

公司文案的不同类型

文案书写应按步骤来

文案的构成要素有哪些

确定文案主题

扫码获取本章课件

# 1.1 公司文案写作必知事项

在现代企业中，文案常指以文字来表现已经制定的创意策略。以前大部分企业在搞大型推广活动、营销策划、写可行性分析报告等项目时，会与策划、广告、文化传媒等公司合作，随着时代的发展，现在很多公司都会设置岗位进行文案策划工作。

公司文案多用于宣传推广，包括广告文案、宣传单、企业文化、企业简介、品牌故事、企业制度、企业活动、企业宣传、新闻宣传以及形象宣传等内容。

## 1.1.1 把握文案书写基本原则

文案书写与策划应该根据公司的具体要求进行。一般来说，文案策划的基本职责如下所示。

◆ 负责公司企业形象的树立、宣传、维护和提升。

◆ 负责展开市场调研，分析市场信息，掌握竞争对手的状况，把握市场现有局势。

◆ 负责商品促销方案的出台及落实，负责对促销效果进行总结、评估。

◆ 负责协调与相关新闻媒体的关系，负责预防和阻止对公司不利的负面报道的出现。

根据职责内容可知，文案书写的原则主要有如下 5 点。

**真实性。**虽然文案宣传需要将企业或商品的优势展示出来，但无论是从法律要求还是企业长远发展来看，文案的真实性都很重要，只有让客户产生信任，才能获得更大的回报。因此，文案内容切不能与实际情形产生过大差距，否则会让客户有巨大落差，久而久之就形成了不良口碑。

**准确性。**虽然文案的篇幅、要点各有不同，但描述文字应具有准确性，对公司情况、产品特征、活动介绍都要一针见血，将最重要的、最核心的内容表达出来，而不是堆砌辞藻，围着可有可无的内容大肆渲染，本末倒置是书写文案非常忌讳的。

**目标性。**文案书写不仅有主题，还有受众，换言之，该篇文案是为谁书写的。要想与目标对象建立联系，甚至是打动目标对象，在书写之前就应该确定目标受众的特点，做到了然于胸。深度调研客户，了解客户喜欢什么、讨厌什么，做更人性化的表达。

**简洁性。**虽然很多文案都文辞俱佳，风格也千变万化，但并不代表书写文案要拖沓繁复，用最少的文字表达最清晰的意思才是我们应该追求的目标。尤其是在自媒体时代，大家的注意力很容易被分散，因此，要让客户在最短的时间接收到企业传递的信息，表达应该简明扼要。

**技巧性。**基础的、简约的描写虽然能够传递信息，但未必能吸引读者。因此，行文还应具备技巧性，或用修辞，或换风格，或在排版上下功夫，突出关键信息，同时让目标对象接受并认可传递的信息。

## 1.1.2　公司文案的不同类型

公司文案根据内容的不同可分为多种类型，常见的有市场调研文案、产品开发文案、产品推广文案和活动策划方案4种。

### （1）市场调研文案

市场调研文案就是人们常说的市场调研报告，即公司在发布新品或确定未来发展方向之前，调查研究市场规律与情况，实事求是地反映和分析客观事实。

市场调研文案一般由标题、导语、主体及结论4部分组成，而主体又分为情况介绍、分析预测、营销建议等部分。如下所示为某公司的调研文案中的主体结构。

一、我国汽车市场目前的规模

二、我国汽车市场的趋势

三、我国汽车市场的领导品牌

四、影响汽车市场未来十年的变化因素

五、其他影响因素

（2）产品开发文案

产品开发就是企业改进老产品或开发新产品，使产品具有新的特征或用途，以满足市场需求的流程。产品开发是企业赖以生存的基础，这是市场经济向前发展的必要过程。

产品开发相关人员需要编写产品开发计划，对产品设计、产品工艺等进行说明。产品开发计划的内容包括以下几项。

①确定新产品的发展方向和系列型谱的制定。

②老产品的改进和淘汰。

③重要研究项目。在中长期计划中，主要书写新产品开发的基础研究和应用研究课题。在近期计划中，主要书写新产品开发的产品结构、加工工艺和生产组织问题。

如下所示为某公司新产品开发计划的基本结构。

一、新产品名称及说明

二、销售方式和价格

三、市场状况

四、销售预测及生产计划

五、制造过程（简要说明使用工艺过程）

六、使用设备

七、人力计划和成本分析

八、工作流程

九、使用表单

（3）产品推广文案

产品推广文案即新品上市后用于产品宣传推广的文书，如产品说明书、广告策划书、广告文案等，内容都与产品的介绍与宣传有关，需要结合产品与宣传两个方面的重点。

### （4）活动策划方案

公司会不定时举办各种各样的商业活动，要办好一场活动，免不了要提前计划。如下所示为某酒店策划的节日促销活动方案，借此可以了解活动方案大致的内容。

为了迎接即将到来的圣诞节与元旦节，利用这一促销时机提高酒店知名度和营业额，酒店餐饮部现制定圣诞、元旦促销活动方案。

一、活动名称：双节感恩回馈月

二、活动时间：12 月 25 日～1 月 25 日

三、活动宣传方式：两个展架、两个灯箱广告

四、活动内容

活动一：凡来本酒店用餐的客户，均赠送茶杯一对

活动二：客人生日享七折优惠

活动三：平安夜、圣诞节及元旦节当天，前来消费的客人均可享受满减促销活动

1. 消费满 2 000 元 / 桌，减免 200 元。

2. 消费满 1 500 元 / 桌，减免 150 元。

3. 消费满 1 000 元 / 桌，减免 100 元。

4. 消费满 500 元 / 桌，减免 50 元。

活动四：订宴会 送礼物

活动当月成功预订宴会并交纳规定押金的，可享受送礼活动。

1. 春风宴会厅，预订 10 桌及以上的赠送价值 500 元的鲜花装饰。

2. 秋月宴会厅，预订 20 桌及以上的赠送价值 800 元的菜品。

活动五：会员金卡可享八折优惠（此活动长期有效）

## 1.1.3 文案书写应按步骤来

可能很多人都会觉得文案撰写非常困难，就连起笔也不知该写些什么。所谓"万事开头难"，想要顺利流畅地书写文案，只有做足准备工作，按照一定的步骤才能写好。文案的书写步骤共 5 步，具体如下所示。

### （1）收集资料

如果在书写文案前要是对相关资料一无所知，那么书写者就很难下笔。因此，书写者要收集各方面的资料和信息，包括产品信息、市场信息、目标客户信息等，但凡有用的信息都应整合到一起备用。

### （2）整理资料

若资料过于繁杂，使用起来会很不方便，因此需要书写者将资料按重要程度进行划分，舍弃可有可无的资料，对较为重要的资料进行删减和压缩，而关键资料则应该进行提炼，如有必要可提出目录，以方便查找。

### （3）分析资料

书写者要根据文案主题对可用资料进行分析，无论是产品、企业、市场还是目标客户都应深入了解，这样书写时才会游刃有余，同时自行总结资料背后的实际意义。

### （4）划分层次

不同的文案其内容结构也不同，书写前划分清楚，有助于书写者理顺思路。有的文案结构简单，按照标题及"总分总"结构书写即可；而有的文案则需要分出标题、背景、项目主题、项目时间、项目具体内容、项目不同阶段和项目效果等。如图1-1所示为费列罗集团第13期可持续发展报告的层次划分，全文一共划分为4个层次。

**图1-1 费列罗集团可持续发展报告的4个层次**

（5）书写后修改

划分好结构层次后，书写者便可动笔，按照所划分结构一步步书写，写完后应修改几次：一是检查有没有错别字；二是查看文案与公司要求的有无出入；三是检查是否有可润色之处，可以突出文案特色。

## 1.1.4　文案的构成要素有哪些

一篇文案的构成要素可多可少，但按照文案的书写要求，有些要素不可或缺。对于常见的文案构成要素，书写者应该有所了解，这样才能更好地运用。常见的有以下 5 项要素：文案标题、文案主体、主体特色、文案背景和受众群体。

### （1）文案标题

标题是文案的精华，可对全文进行总结，或是引导全文，并且能确定全文基调。一个醒目的标题能为文章增色，是不可或缺的文案元素。标题的写法各有千秋，可长可短，如下所示为一些比较特别的文案标题。

10 元一瓶的矿泉水，刺痛了多少人？

"吃土套餐"，只需 5 元吃个饱！

生活需要带点香……

### （2）文案主体

文案主体即文案的表达对象，可以是商品，可以是活动，可以是公司本身，还可以是公司项目，文案内容是由文案主体不断延伸完成的。如下所示为 ×× 品牌为推广洗衣凝珠创作的文案。

**实例范本｜×× 品牌洗衣凝珠宣传文案**

【标题】夏日洗衣学堂

【文案内容】

衣物容易发黄、变脏？

油渍、血渍、奶渍残留，总是洗不干净？

发出阵阵异味？

白色衣物老是容易串色、染色？

把握不好洗衣液用量？

衣物洗不干净总有漂浮物？

洗完的衣物易变形？

机洗的衣物容易打结？

立白浓缩除菌护色洗衣凝珠，15分钟快洗无残留，洁净＋除菌＋护色，让你心爱的衣物来一场深度清洁吧！

该文案的主体为"洗衣凝珠"，围绕该主体内容，书写者先抛出一连串问题，都是衣物清洗时常面临的问题，接着抛出内容主体，既聚焦产品本身，又不露声色地透露产品的功能。

## （3）主体特色

围绕文案主体编写文案，可以从不同方面入手，如着重描写主体的特色。下面的实例为麦当劳宣传新推出的"可尔必思"系列产品创作的文案。

**实例范本｜××品牌系列产品文案**

【标题】去见面吧！夏天

【文案内容】

伸一个懒腰，等一尾鱼，夏天漫长，想找你一起，慢慢尝。

微风、稻田、蝉鸣、酸甜，时光慢一点，和爷爷的夏天长一点。

长大后，换我给你这样一份酸甜惊喜。

最好的夏天：分享同种酸甜，你们在我身边。

干了这杯夏天的蓝，我们就是哥们儿了！

夏天不会落幕，它和你的笑已经被定格在这杯。

麦当劳推出的"可尔必思"系列产品是一款乳酸菌饮品，文案从产品的酸甜口味入手，结合夏日印象定位产品，将酸甜、夏日与产品绑定在一起，营造清新、治愈的氛围。

### （4）文案背景

文案背景可以说是文案的始端，是书写文案的原因，有的文案会进行省略，但对有的文案来说，背景元素却非常重要。如下面的实例所示。

**实例范本｜×× 品牌 6 周年企划文案**

【标题】请你吃蛋糕！快来加入，6 周年狂欢

6 年，2190 天的沉淀，HFP 收获了很多高光时刻，精华售出第 100 万瓶，2400 平方米的研发中心亮起了灯，举办超 20 场 lab tour，配方师兴奋地说："我们做出了国内极高浓度的 1.2% 蓝铜胜肽精华配方……"

不断探寻成分边界，永远希望能领先半步，这是对科研想象力致敬。我们庆幸，能一直做着热爱的事业，身边也有爱着我们的人。

HFP 品牌 6 周年特别企划，在文案开头就对该品牌 6 年来的发展情况做了介绍，主要列举了品牌的高光时刻，与周年企划的主题尤为契合。

### （5）受众群体

有的文案针对性很强，专门写给特定的人群，因此受众群体是文案中不能忽略的元素，文案书写者可重点介绍受众群体及其特征，也可以在文案中适时镶嵌该元素。如下例所示为某燕麦品牌家庭装上新文案，受众群体非常明显，即有家庭的群体。

一盒燕麦早餐饮，提供健康能量与满满饱腹感，家庭分享装同时上新，1L 大容量，轻松满足全家健康早餐需求。

关于文案元素，书写者应该明白一个原则，即每篇文案包含的元素都有可能不同，文案元素可以自由组合，并不一定要按照以上介绍的文案元素来进行书写。

## 1.2　文案创作的准备工作

文案的准备工作是书写文案的第一个步骤，也是必不可少的步骤。那么，在创作的准备过程中，书写者应该做些什么呢？又应该注意些什么呢？下面来具体讲解。

### 1.2.1　确定文案主题

正式创作文案前，首先要根据公司或客户的要求确定主题，主题就像靶子一样，能帮助书写者不偏离目标。文案主题应满足以下几点原则。

◆　准确反映创作意图，同时市场接受度要高。

◆　最好主题单一，多个主题容易导致文案内容模糊、结构凌乱。

◆　主题简单直白，做到通俗易懂，这样有关受众能在短时间内迅速了解。

然而有时候面对较多的信息与资料，书写者可选择的主题便不止一个，如何确定最佳的文案主题呢？有两种可用方法。

（1）比较法

在创作主题时，书写者不妨打开思路，列出多个主题，然后通过交叉比较确定最佳主题。至于如何比较，可按以下步骤进行。

◆　首先，书写者可编制一个表格，设定文案主题应满足的条件。

◆　其次，按条件的重要程度划分权重或等级。

◆　最后，依据得分最高或等级最高确定最佳主题。

如表 1-1 所示为主题评比表，书写者可根据公司的要求和实际情况进行修改。

表 1-1　主题评比表

| 主题 | 评比条件 | | | | | 总计 |
|---|---|---|---|---|---|---|
| | 产品匹配度（☆☆☆） | 甲方契合度（☆☆☆） | 受众明确（☆☆） | 情感共鸣（☆） | 创意十足（☆☆） | |
| | | | | | | |
| | | | | | | |
| | | | | | | |
| 备注：按主题情况在符合的评比条件下打"√"，计算"☆"的数量，数量最多的为最佳主题 | | | | | | |

（2）融合法

从不同的信息资料中找到主题创作思路进行巧妙融合，得到最终的主题。下面的实例为某燕麦饮料品牌的特别策划文案。

**实例范本｜××特别策划**

【标题】上蒸下煮，喝茶避暑

【文案内容】

0卡柠檬燕麦茶——不算甜，但非常解渴，做一大壶放在冰箱，清爽好喝的膳食纤维，触手可得。

冰摇话梅燕麦茶——当话梅浸入醇厚茶汤中，酸度锐减，却依旧令人唇齿生津，好不解渴。

甜心桃桃燕麦冰茶——桃子和茶从来都是特调中的经典CP，麦香中跳跃着桃子的清爽，无比鲜甜。

蜜蜜百香燕麦冰茶——轻快明朗，酸甜平衡得恰到好处。

初恋青提燕麦冰茶——青提，是荡漾在燕麦茶中的一抹绿，大口喝下的瞬间，清凉解暑，快意无边。

雪山荔枝燕麦冰茶——啜饮时无意咬开一口荔枝果肉，散发在茶汤中的甘甜醇香，席卷全身。

酒渍杨梅燕麦冰茶——酒渍过后的杨梅，甜味更加突出，浸泡在燕麦茶中，不加糖就很甜。

该实例融合了燕麦茶饮的不同制作方法，推出"夏日喝燕麦茶饮解渴避暑"的主题，不仅宣传了产品，还与时令相结合。

## 1.2.2 做好市场调研

创作文案之前，书写者是否对文案主体所处市场有所了解，直接关系到文案的书写方向，尤其是宣传型文案和调研型文案。

市场调研即市场调查与市场研究的统称，要想宣传推广企业及产品，就必须满足消费者的需求，通过市场调研听到消费者的真实声音成为关键前提。当然，调研信息还包括除消费者之外的其他实体的信息。

市场调研信息可用于识别和界定市场营销机会和问题，确定、改进和评价营销活动，监控营销绩效，增进对营销过程的理解。在书写文案时其能帮助书写者确定以下 4 项要点。

①消费者是谁？

②市场更看重什么？

③竞品的特点有哪些？

④市场未来发展情况如何？

那么，如何进行市场调研呢？主要有 4 种方法，具体如表 1-2 所示。

表 1-2　市场调研的方法

| 调研方法 | 具体阐述 |
| --- | --- |
| 文案调研 | 主要指二手资料的收集、整理和分析，主要的渠道来自网上资料搜索和图书和报刊信息搜索 |
| 实地调研 | 询问法：通过各种方式向被调查者发问或征求意见来收集市场信息的一种方法，包括深度访谈、GI 座谈会、问卷调查等，其中问卷调查又可分为电话访问、邮寄调查、留置问卷调查、入户访问、街头拦访等调查形式。<br>采用询问法应该注意所提问题确属必要，被访问者有能力回答问题，访问的时间不能过长，询问措辞、态度、气氛必须合适 |
|  | 观察法：在调研现场，直接或通过仪器观察、记录被调查者的行为和表情，以获取信息 |
|  | 实验法：通过实际的、小规模的营销活动来调查关于某一产品或某项营销措施执行效果等市场信息的方法。实验的主要内容有产品的质量、品种、商标、外观、价格、促销方式及销售渠道等，常用于新产品的试销和展销 |
| 特殊调研 | 包括固定样本、零售店销量、消费者调查组等持续性调查 |
| 竞争对手调研 | 竞争对手调研的目的是通过一切可获得的信息了解竞争对手的状况，包括产品及价格策略、渠道策略、销售策略、竞争策略、研发策略、财务状况及人力资源等，发现其竞争弱点。而对竞争对手优势部分，需要制定回避策略，以免发生对企业的损害事件 |

在实际调研时，有以下一些工具可供利用，以帮助企业获得更多市场信息。

### （1）市场研究报告

现在很多大数据分析网站、市场研究公司、行业龙头企业会提供各行各业的市场研究报告，这些市场研究报告非常全面、详细地介绍了行业内的各种重要讯息，并加以了分析。从报告中，企业可以了解市场趋势、市场销量情况、市场崛起领域等。如图 1-2 所示为《中国咖啡行业发展与消费需求报告》的部分内容。

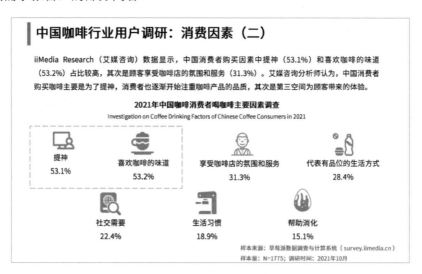

图 1-2　《中国咖啡行业发展与消费需求报告》部分内容

那么，书写者能从哪些网站或途径了解相关市场研究报告呢？具体有以下一些渠道。

◆ 大数据分析网站

大数据分析网站通常是信息科技有限公司创建的平台，采用智能搜索引擎、专业 OCR 识别、文档结构化解析、自然语言处理等先进技术，全面覆盖各领域，为企业高管、咨询顾问、行业研究员、市场分析师、市场运营人员等提供海量的宏观策略、行业发展、市场情况等研究报告。

常见的大数据分析网站有洞见研报（https://www.djyanbao.com/）、网易云商（https://b.163.com/）、中国报告大厅（http://www.chinabgao.com/）、艾媒报告中心（https://report.iimedia.cn/）、中经视野（https://www.cevsn.com/）等，如图 1-3 所示为中经视野的网站首页。

图 1-3　中经视野网站首页

◆ 国家统计类网站

除了市场上的信息资讯平台，国家也会对各行各业的发展情况进行统计，并在相关网站展示，如国家统计局（http://www.stats.gov.cn/）、中华人民共和国中央人民政府数据（http://www.gov.cn/shuju/）等。如图 1-4 所示为国家统计局数据查询页面。

图 1-4　国家统计局数据查询页面

### （2）垂直媒体

垂直媒体是权威门户分出来的某个领域的专业媒体，每个市场领域都有对应的垂直网站，提供该市场领域有关资讯，如表 1-3 所示。

表 1-3　不同领域的垂直网站

| 市场领域 | 相关垂直网站 |
| --- | --- |
| IT/ 科技 | 慧聪 IT 网（http://www.it.hc360.com/）、至顶网（https://www.zhiding.cn/）、CNET 科技资讯网（https://www.cnet.com/）、太平洋电脑网（https://www.pconline.com.cn/）、中关村在线（https://www.zol.com.cn/）、泡泡网（https://www.pcpop.com/）、比特网（https://www.chinabyte.com/）、小熊在线（http://www.beareyes.com.cn/）、天极网（https://www.yesky.com/）、新浪科技（https://tech.sina.com.cn/）、腾讯科技（https://new.qq.com/ch/tech）、网易科技（https://tech.163.com/）等 |
| 女性时尚 | 新浪女性（https://eladies.sina.com.cn/）、凤凰网时尚（https://fashion.ifeng.com/）、瑞丽（http://www.rayli.com.cn/）、YOKA（http://www.yoka.com/）、太平洋时尚（http://www.pclady.com.cn/）、爱丽时尚（http://www.aili.com/）、OnlyLady（http://www.onlylady.com/）、ELLE 中文网（https://www.ellechina.com/）、伊秀女性网（https://www.yxlady.com/）、VOGUE 时尚网（http://www.vogue.com.cn/）等 |
| 教育 | 中华教育网（http://www.edu-gov.cn/）、新浪教育（https://edu.sina.com.cn/）、搜狐教育（https://learning.sohu.com/）、腾讯教育（https://new.qq.com/ch/edu）、北青网教育（http://edu.ynet.com/）、慧聪教育（http://edu.hc360.com/）、中国教育网（http://www.chinajy.org.cn/）、中国学习网（http://www.studycn.net/）、中国国际教育网（https://www.ieduchina.com/）、幼教传媒网（http://www.youjiaotv.com/）等 |
| 旅游 | 凤凰旅游（https://travel.ifeng.com/）、网易旅游（https://travel.163.com/）、搜狐旅游（https://travel.sohu.com/）、乐途旅游网（http://letoour.com/）、新旅行（http://www.xinlvxing.com.cn/）、中国国家地理（http://www.dili360.com/）等 |
| 家居 | 凤凰网家居（http://home.ifeng.com/）、腾讯家居（http://www.jia360.com/）等 |

| 市场领域 | 相关垂直网站 |
|---|---|
| 财经 | 东方财富网（https://www.eastmoney.com/）、金融界（http://www.jrj.com.cn/）、中国经济网（http://www.ce.cn/）、中金在线（https://cnfol.com/）、财经中国网（https://www.fechina.com.cn/）、中国经济新闻网（https://www.cet.com.cn/）、中国产经信息网（http://www.cinic.org.cn/）、中国经营网（http://www.cb.com.cn/）、新浪财经（https://finance.sina.com.cn/）、搜狐财经（https://business.sohu.com/）、腾讯财经（https://new.qq.com/ch/finance/）、网易财经（https://money.163.com/）、凤凰财经（https://finance.ifeng.com/）、MSN财经（https://www.msn.cn/zh-cn/money）、金羊网财富（http://money.ycwb.com/）等 |
| 汽车 | 易车网（https://www.yiche.com/）、太平洋汽车（https://www.pcauto.com.cn/）、新浪汽车（https://auto.sina.com.cn/）、网易汽车（https://auto.163.com/）、新华网汽车（http://www.news.cn/auto/）、腾讯汽车（https://new.qq.com/ch/auto/）、国际在线汽车（http://auto.cri.cn/）、环球网汽车（https://auto.huanqiu.com/）、中金在线汽车（http://auto.cnfol.com/）、汽车之家（https://www.autohome.com.cn/）、爱卡汽车（https://www.xcar.com.cn/）等 |

## 1.2.3 收集文案资料

在书写公司文案时，市场调研非常重要，能帮助书写者全面了解公司、公司产品以及背后的市场环境。但市场调研报告只是文案资料的其中一类，想写好文案还需要收集其他方面的资料，包括基础资料、热点信息、基本素材等，下面就主要的文案资料收集进行介绍。

### （1）基础资料

基础资料通常指与文案项目有关的各项资料，往往在公司内部寻找收集，主要包括以下4种。

◆ **业务资料**：包括与文案主体有关的各种资料，如业务开展效果、业务各项指标、商品属性、商品制造过程、商品研发过程以及销售记录等。通过对业务资料的了解，书写者能更好地掌握文案主体的特点，可以说业务资料是最基础、最核心的资料。

◆ **统计资料**：主要包括各类统计报表，企业生产、销售、库存等各种数据资料，各类统计分析资料等。企业统计资料是研究企业经营活动数量特征及规律的重要定量依据，也是企业进行预测和决策的基础。

◆ **财务资料**：主要指公司财务部保管的各项资料，如项目预算、企业盈利情况、会计核算、财务分析文件、各项成本核算和历来商品价格等。财务资料能帮助书写者了解企业经营活动及盈利状况，对目前及今后的商业活动有所指导，从而影响文案的写作方向。

◆ **其他资料**：企业内部的各种简报、项目总结报告、客户反馈整理、重要会议报告、相关照片及录像等，虽然这些资料可能与当前项目无关，但也可做参考使用。

## （2）热点信息

公司的推广文案不管如何创作，要推而广之才有意义。因此，书写者要把握行业热点动态以及网络热点，这样可在文案中插入热点元素，帮助提高文案热度，以达到推广的目的。常见的热点搜索工具有以下几种。

◆ 今日热榜

今日热榜（https://tophub.today/）提供各站热榜聚合，包括微信、今日头条、百度、知乎、微博、贴吧、豆瓣、虎扑及抖音等，可帮助书写者追踪全网热点，进行简单高效的阅读。如图 1-5 所示为今日热榜官网首页。

图 1-5　今日热榜官网首页

单击官网右上角的黄色"章鱼"按钮,就能进入今日热卖页面,看到电商平台最近热卖的产品。如图1-6所示为今日热卖页面。

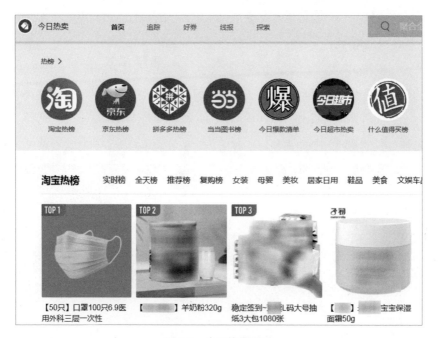

图1-6　今日热卖页面

◆　微博热门榜单

微博(http://weibo.com/)是分享简短、实时信息的社交平台,该平台汇聚了各类资讯,并根据各类资讯的热度排列榜单。如图1-7所示为微博热门榜单页面。

图1-7　微博热门榜单页面

从图 1-7 中可以了解到微博热搜榜有不同的分类方式，包括推荐、热搜、文娱、要闻、视频及同城等。而且，微博的热点是实时的，不用担心过时问题。其中的同城热搜是文案书写者要好好利用的，有助于同城推广文案。

◆　今日头条

今日头条（https://www.toutiao.com/）是一个通用信息平台，囊括图文、视频、问答、微头条、专栏、小说、直播、音频和小程序等多种内容体裁，并涵盖科技、体育、健康、美食、教育、"三农"、国风等超过 100 个内容领域。其官网首页如图 1-8 所示。

图 1-8　今日头条首页

◆　百度指数

百度指数（http://index.baidu.com/）是以百度海量网民行为数据为基础的数据分享平台，通过该平台可以研究关键词搜索趋势、洞察网民兴趣和需求、监测舆情动向和定位受众特征。如图 1-9 所示为百度指数首页。

图 1-9　百度指数首页

单击左上角的"最新动态",可以看到最新的行业动向和市场趋势,如图 1-10 所示。

图 1-10　最新动态资讯页面

而在百度指数首页单击"行业排行"按钮,就能对各行业的品牌指数、品牌搜索指数、品牌资讯指数和品牌互动指数进行了解,如图 1-11 所示。

图 1-11　行业品牌指数页面

◆　新榜

新榜（https://www.newrank.cn/）是一个数据驱动的互联网内容科技公司，其创建的平台覆盖各层级新媒体资源，提供全平台内容数据、微信大数据、内容营销、数据说明等服务。如图 1-12 所示为新榜官网首页。

图 1-12　新榜官网首页

在新榜官网首页可以看到一个快捷导航模块，其提供了周榜、月榜、平台、区域、行业、自定义等榜单分类。进入不同的榜单页面，书写者可根据自己的搜索需求设置搜索条件，查看相关领域热点。

（3）基本素材

素材要在日常写作中积累，以帮助书写者更快地行文，积累得越多越能游刃有余地使用。基本素材包括文案素材和图片素材，那么该如何积累呢？书写者可通过如表 1-4 所示的一些工具网站寻找并收藏合适的素材。

表 1-4　素材网站

| 素材分类 | 相关网站 |
| --- | --- |
| 文案素材 | 1. 文案狗（http://www.wenangou.com/）<br>2. 顶尖文案（http://www.topww.com/）<br>3. TOPYS（https://www.topys.cn/）<br>4. 麦迪逊邦（https://www.madisonboom.com/）<br>5.TVCBOOK（https://www.tvcbook.com/）<br>6. 数英网（https://www.digitaling.com/） |

| 素材分类 | 相关网站 |
|---|---|
| 文案素材 | 7. 梅花网（https://www.meihua.info/）<br>8. 营销热点日历（https://www.adguider.com/calendar）<br>9. 句子迷（https://www.juzimi.com.cn/）<br>10. 名言通（https://www.mingyantong.com/）<br>11. 故事会（http://www.storychina.cn/） |
| 图片素材 | 1. 花瓣网（https://huaban.com/）<br>2. 站酷（https://www.zcool.com.cn/）<br>3. 包图网（https://ibaotu.com/）<br>4. 千图网（https://www.58pic.com/）<br>5. 摄图网（https://699pic.com/）<br>6. 集图网（http://www.jituwang.com/）<br>7. 我图网（https://www.ooopic.com/）<br>8. 昵图网（https://www.nipic.com/）<br>9. 图司机（https://www.tusij.com/） |

除了图片外，文案中还可以插入音乐和视频。因此，书写者还需要积累音乐素材和视频素材，可通过各大音视频网站收集，这里不再赘述。

---

**拓展贴士** *文案基本元素有哪些？*

撇开创作要求，在编写文案时还有以下一些元素需要考虑。

**字体**。不同的字体会给人不同的感受，如宋体文艺、黑体粗犷、楷体正式，能有效区别于其他文案。

**年龄视角**。不同年龄阶段有不同的"痛点"和流行的表达方式，如区分00后、90后、80后、70后更能打动对应客户。

**产品价格**。对于宣传文案来说，突出价格优势，往往能起到决定性作用。

**篇幅**。文案篇幅依据主题、版面会有所不同，合理计划篇幅，要避免累赘或表述不清楚。

**发布平台**。文案可以发布在报纸、杂志、自媒体等平台，不同的平台文案风格不同、受众群体不同，不论写法还是主题都应该有所区别，书写者应该做具体的调查。

# 1.3  创作文案广告语

创作企业的推广文案，一定要有广告语，这是传播的关键，简单易记的广告语能够迅速在受众群中引起反响，带动文案受到关注。因此，创作好的广告语对文案书写者来说是一大挑战。

## 1.3.1  广告语不是文案标题

可能很多人都会陷入一个误区——文案广告语即文案标题，其实不然，标题更像是整篇文案的总结、提炼，而广告语只需剑走偏锋，从某一方面突出文案内容即可。

一篇文案中的广告语有时要比标题重要许多，创作的目的与风格也与标题有差别。具体来看下面的实例。

**实例范本｜×× 绿茶夏日宣传文案**

【标题】点击破解高温，迎来清凉加"酚"

【广告语】有了这一瓶，夏天指定行

【文案内容】

热得字都出汗了，前方高温橙色警报，温度即将突破 40℃，热得字都要融化了。统一绿茶碰撞龙虎清凉薄荷精油，全新清凉薄荷味，瞬间清空燥热气。当能"炫"的统一绿茶，融合能"打"的清凉薄荷精油，口味的创新，只为清凉加"酚"，get 这一季的"清凉加'酚'"惊喜新口味。

"清凉侠"闪亮出道，怎能没有响亮口号？来评论区留言，秀出你为它构思的出道金句，截至 8 月 24 日 18:00，绿绿子选点赞前五，每人送上【"凉"全齐美清凉大礼包 1 份】。

该文案为了突出绿茶解渴的功能，对夏季的炎热进行渲染，目的是让推出的产品获得较高的接受度。

标题"点击破解高温，迎来清凉加'酚'"是本次活动的简略说法，目的是让消费者参与到本次活动中。而广告语则从押韵上口入手，将文案及产品传播出去。

可见广告语更看重创意性，而标题更注重实际。下面再来看一个实例。

**实例范本｜××集团特别环保计划文案**

【标题】松下集团制订环境行动计划"GREEN IMPACT PLAN 2024"

【广告语】绿智造，创未来

【文案内容】

松下集团致力于"更美好的生活"与"可持续发展的环境"的协调发展，提出了长期环境愿景PGI，目标在2030年实现全集团事业活动的$CO_2$排放量实质为零。同时，面向2050年，力争通过集团各项事业活动，完成相当于目前全球$CO_2$排放总量共330亿吨的1%，即约3亿吨以上的减排贡献。

为了达成2050年的环境目标，松下集团以2024年为时间节点，制订了截至2024年全集团价值链的$CO_2$减排量和对社会的$CO_2$减排贡献量两个方面的具体行动计划，并公布2030年的目标。

面对日趋严峻的气候变化问题，松下集团充分理解企业应承担的责任和义务，希望通过逐一措施的积累，扩大各项$CO_2$减排事业活动的影响，与全社会共同朝着碳中和的目标砥砺前行。

······

该文案的主要内容是环保计划的愿景和措施，标题对计划名称进行说明，而广告语则十分简短，代表了该集团推出的环保理念，以绿色、智能为要点，体现可持续发展。

通过以上两个实例，书写者可以清楚标题与广告语的细微差别，在创作时思路能更加清晰。

## 1.3.2　广告语的表现形式有哪些

广告语能增强文案的表现力，那些吸睛的广告语总是会运用一些修辞及特殊的表现形式，从文化、节庆、社会趋势等入手，让人眼前一亮。常见的广告语表现形式有哪些呢？

### （1）幽默式

表达幽默又有趣味的广告语，往往能放松大众的心情，感染大众的情绪，降低他们对广告宣传的反感度。如何让广告语变得有趣，需要书写者掌握一些基本的技巧。

**玩文字游戏**。汉字的特性给了书写者很多的创作空间，如多音字、同音不同义、一词多义等，书写者可以加以利用，制造趣味性。如下所示。

卫龙好"食"光，春游倍儿爽！

夏至来辣！夏天来辣！

"暑"你心太软！

"吾虎"！新年冲呀！

**网络热"梗"**。日常生活中的有趣时刻是什么？当然是和朋友一起聊网络热"梗"了。文案书写者也要懂得利用网络热"梗"，一来有热度传播广，二来网络热"梗"自带搞笑性质。例如，为了向读者推广品牌的"焦糖瓜子"，用"瓜"字与网络热"梗""吃瓜"联系在一起，让读者会心一笑。

**实例范本｜×× 品牌大暑节气文案**

【广告语】大暑吃"瓜"不容错过

【文案内容】

夏日炎炎怎么能不吃瓜？说到瓜，又怎么能少得了瓜子？夏夜乘凉必不可缺焦糖瓜子，更加好吃的经典焦糖味，颗颗饱满，满口回香。每人一把，这唠嗑神器，绝了！

**夸张**。以修辞手法放大或缩小情绪及特征，达到令人啼笑皆非的效果。

**颠覆逻辑**。不按常规逻辑进行书写，如做一些倒装，给人意想不到的惊喜，做到语言上的诙谐。

书写者要表达幽默的效果，一定要注意尺度的把握。幽默搞笑不是低级趣味，书写者要避开性别玩笑、歧视性玩笑，否则会引起大众反感，还有可能遭到投诉而影响到自己的工作。

## （2）含蓄式

在为比较敏感或尴尬的内容创作广告语时，往往要采用更为含蓄的表达，如涉及残障人士、个人隐疾以及不便提及的生理特点，要避免使用不礼貌的字眼，包括胖、丑、矮、残等。书写者要引导受众重视文案的主题，同时避免受众看到广告语的时候，产生尴尬的心理。来看看下面的实例。

**实例范本 | ×× 内衣专护洗衣液宣传文案**

【标题】95 后的姐妹求求了！这个千万不能忽视！

【广告语】守护你的贴身衣物"健康"

【文案内容】

身体偶有警钟敲响，但又没有大病发生。许多 95 后女性深知自己处于亚健康状态，却不敢查阅体检报告，甚至逃避体检。怕一些红色指标增加自己的健康压力，因此形成恶性循环……

澳洲茶树油精华，内衣除菌更天然，守护你的贴身衣物"健康"，99.9%除菌、除螨，48 小时长效抑菌，3 重天然洁净因子，3 倍去血渍不留痕，天然氨基酸温和配方，呵护 V 区酸碱平衡。

本例以"女性健康"为主题，让女性重视内衣物的干净，才能保证特殊部位的健康，并推出品牌旗下的内衣专护洗衣液。广告语中只对主题元素有所提及，正文内容中也选用委婉的表达，如"V 区"等。

### （3）留白式

所谓留白就是给人一定的想象空间，书写者可采用省略主要元素、设置悬念等手法吸引读者一探究竟，但是也不可太过夸张，给人故弄玄虚之感，一点点留白就恰到好处。来看下面一些留白式广告语。

高质量亲子关系的秘密，藏在这里

假如生命只有 15 分钟……

×× 前后的朋友圈，差别也太大了吧……

眼下脂肪粒居然是因为……

《中秋吃饼指南》

从上面的例子可以了解到留白式广告语有很强的引导性，常用省略号或"秘密""指南"等词语，加重引导，但又不至于对主题透露过多。

### （4）双关式

双关在修辞学上指语词含有表里二义，似言此而实言彼，以一语关涉两件事。一语双关是广告语中常用的表现手法，既能推出与产品有关的内容，又另有深意。来看下面的一些实例。

费尽心思遇见你（费列罗广告语）

"费"同寻常，有爱相伴（费列罗广告语）

以月为媒寄"臻"心（费列罗广告语）

"费"点心思摘下月亮（费列罗广告语）

吃酥看书，川味家酥（爱达乐广告语）

"粽"量级美味！（爱达乐广告语）

翻滚吧！小鲜肉！（良品铺子肉脯广告语）

以上的广告语都从侧面展示了品牌或产品，如费列罗品牌喜欢用"费"字组成句子，加深品牌印象。还有"臻""酥""粽"这些字都包含了品牌要推销的产品，嵌在广告语中，宣传一点都不刻意，反而会让读者觉得有创意。

### （5）数字式

由于数字与文字特性的不同，数字嵌入文字中会显得很突兀，一下子就能抓住读者的注意力。而且利用数字能让表达变得具体、清晰，读者对广告语表达的概念更易理解与感知，也更容易接受，如以下实例所示。

15分钟的幸福感速成攻略

5分钟解锁意面仪式感

足不出户4小时修好手机？

30年×365天＝健达缤纷乐，快乐不止步

春游的N种打开方式

1颗搞定，才是真简单

### （6）建议式

通过较为强硬的语气为受众提供建议，这样的广告语能够传递品牌的自信，给受众以冲击性，反而能让人产生好奇。常见的建议式广告语有以下一些。

618购物，必须是它！

30岁以后不"敷"不行

敏感发红，冬季必备！

宝妈们快看过来！

## （7）对偶式

对偶式的广告语用字数相等、结构相同、意义对称的一对短语或句子来表达主题，特点是语言凝练、句式整齐、音韵和谐，富有节奏感和音乐美，可加强语言效果，朗朗上口更有利于传播。常见的有如下一些广告语。

三伏不防晒，全年黑成炭

这个中秋怎么过？沉舟侧畔千帆过

切换亲子频道，陪伴从不掉线

道阻且长，行则将至。行而不辍，未来可期

对的路，不怕远

下面通过一个具体的实例来体现对偶式广告语的感染力。

**实例范本 | ××辣条六一宣传文案**

【标题】走，一起买辣条去

【广告语】今天我最大，辣条全拿下

【文案内容】

保持一颗童心，永远天真无邪。坚持一份童真，一直无忧无虑。秉持一番童趣，继续开心下去。龙哥祝今天过节的小朋友和大朋友们，"六一儿童节快乐"！好看的皮囊千篇一律，可爱的灵魂要过六一！走，一起买辣条去～

……

该文案针对六一儿童节进行特别宣传，所以用语更童真、简单、好玩。为了让目标受众受到感染，广告语用对偶样式，结尾押"*a*"韵，阅读起来顺口又简单。整句广告语用词日常化，并且加入了"辣条"这个商品元素，一气呵成。

（8）经济式

简而言之，经济式广告语就是在内容中突出经济优势，让受众觉得划算或效率高，这样的广告语即使没有表达上的新意，也自带吸引力。如以下一些广告语。

买 99，送 99

0 元高能开盲盒

洗衣凝珠，拍一发七

0 元麦乐鸡，不见不散

买一送一，"卷"进你心

金运盛宴 5 折起

积分霸王餐，0 元吃牛肉

通过嵌入"买一送一""0 元""5 折""免费"等优惠术语，广告语立刻变得诱人，这是经济式广告语的最大特点，要的就是直白。

## 1.3.3　广告语写作的误区

广告语的表达追求效果，但很多书写者过分追求效果，因而容易忽略广告语的基础表达，为避免出现此种情况，应做到一要语义明白，二要用词讲究。若是产生歧义，或是过于低俗，就与宣传的目的背道而驰了。下面来认识广告语写作的常见误区，书写者在表达时要注意避开。

**强调吸睛。**广告语的创作也要根据宣传主题、宣传目的决定，或是树立品牌形象，或是推出新品，或是提高销量，或是引流……不同的宣传目的，对广告语的要求不同，如果要树立品牌形象，广告语应该大气书面一点，不一定非要"炫技"，因为"炫技"反而给人一种轻佻感。

**低估广告语的创作。**创作广告语并不是想出一句话那么简单，若是没有前期的市场调查、用户分类及产品优化等，书写者就无法获得精准的数据，也就无法创作最适合企业及产品的广告语，其表达不仅依靠创意，还依靠数据反馈和分析。

**胡乱引用。**很多时候书写者为了让文案显得"高大上",会借用一些名人名言、诗句或文学描述等,来提升广告语的整体气质,但要记住"合适"才是第一原则,引用也要与广告语的定位相符。

**用词古怪。**广告语需要大众化,最好能够引起广泛传播,晦涩难懂的用词会将大部分人群都挡在门外。所以,广告词要通俗易懂、简单直白,如果是晦涩的专有名词,最好换一种方式来表达。

**乱造词语。**为了追求效果,发挥自己的创意,很多书写者会想到创作一些生词吸睛,但新意之下也应该有基本的逻辑,让人能够理解背后的含义,而不是随意将某几个字合在一起,让人摸不着头脑,加大理解的难度。

扫码做习题

扫码看答案

# 第 2 章　文案标题与开头的书写

文案标题与开头是整篇内容的起始部分，如果起始部分都没有吸引力，那么文案的传播率与阅读量就会受到很大限制。因此，书写者应掌握标题与开头的基本写作技巧，让起始内容变得"诱人"。

如何构思文案标题

悬念式标题吸引读者

抛出问句引人思考

从标题中看到文案观点

让数据增加可信度

扫码获取本章课件

# 2.1 文案标题点睛作用

如今，人们接收信息的渠道越来越丰富，要想获得大众的关注，必须让文案具备足够的吸引力。文案标题就是一道大门，标题足够亮眼，读者才会想要推开大门，看看里面的内容。因此，书写者编写文案标题一定要慎重，既要传递要素信息，又要富有特色。

## 2.1.1 如何构思文案标题

构思文案标题对于很多文案书写者来说是一道难题，往往要耗费很多时间。但有了基本的构思步骤，书写者便能一点点展开进行标题的写作，具体有以下 5 个步骤可供参考。

### （1）概括主题

文案标题是主题的另一种展现形式，只有先清楚文案主题，才有基本的构思依据。因此，书写者应该搞清楚几个问题：书写此篇文案是为什么？需要该文案传递什么信息？文案的基本要素有哪些？文案要达到的效果是什么？如下面的实例所示。

**实例范本｜××品牌香氛产品推广文案**

【标题】衣物自带香水味？"真我香水"创造者为您以香造梦！

【文案内容】

女生学会宠爱自己的第一步，往往由一瓶香水开启。真我香水自问世起，便令无数女生为之倾倒，而亲手创造这些全球经典香水的传奇人物正是法国香水大师 Calice。

当立白遇见法国香水大师 Calice，一段浪漫奇缘就此诞生。彼此决定延续香氛传奇，携手缔造立白大师香氛，让一种香氛，谱写一段传奇，令每次洗涤都如同一场梦幻之旅，犹如身处玫瑰花丛之中，感受来自大洋彼岸的法式浪漫。

大师级留香护衣，72 小时持久留香，立白大师香氛天然洗衣液采用手工采摘、活花萃香，前调清爽、中调浪漫、后调温暖，香味层次丰富，持久留香 72 小时，以微胶囊因子锁香入瓶，高度复刻精纯玫瑰芬芳。

以上实例是立白推出的一款特殊洗护产品的文案内容，特殊之处在于"香"和邀请法国香水大师 Calice 共同参与两方面。文案内容主要包括对"香"和香水大师的介绍、对香味的描述，以及展示洗衣液的特殊技术。

在标题中，可以看到"香"字出现了 3 次，可见标题抓住了文案的核心主题——"香"，而文案中的重要人物"真我香水"创造者也被巧妙地融合进了标题中。

### （2）确定文案类型

文案标题有不同的展示类型，如直白表述型、疑问句型、数据型及命令型等，不同的标题形式适合不同的主题，书写者应选择符合文案内容和文案主题的标题形式，如下所示。

标题 1：上海首店启幕，预约开启

标题 2：夏天来了！巧克力也有防晒指南？

标题 3：吾虎！新年冲呀！

### （3）列出标题关键词

标题的字数有限，一般以一句话概括，若是能依据文案主题列出一些关键词，有选择性地嵌入标题中，对于呈现主题是非常有效的。如下所示。

标题 1：共话全球经济新征程，费列罗出席胡润世界 500 强高峰论坛（关键词：胡润世界 500 强高峰论坛）

标题 2：叮咚——费列罗与天猫美食携手，敲响新篇章（关键词：天猫美食）

标题 3：清凉一夏！有膳食纤维的茶，暑伏天 yyds！（关键词：膳食纤维）

### （4）按标准修改标题

标题写好后，书写者还需要再打磨一下，当然修改需要按照一定的标准进行，否则很有可能越改越不如意。那么，应从哪几个方面打磨标题呢？

**有用信息。** 无论是时间信息、产品信息、活动信息、人物信息还是优惠信息，标题应该至少传递一项与文案主题有关的信息。

**吸引力程度。**吸引读者是标题必备的作用，书写者完全可以利用一些挑动神经的字眼、词语吸引大众，如新品、热辣、大放送、C 位等。

**情绪感染。**标题若能引起读者共鸣，自然是好标题，如"玫瑰和圆月都要，麦子和麦愿你爱与被爱"，该标题能让受众感受到关心和温暖。

以上 3 点标准若是能做到一点，就算合格的标题，不过还需要进一步完善。

### （5）删减标题

要知道标题的字数有限，因此，简洁就成为标题的基本特质之一。在完成标题后，对其中可有可无或略显累赘的字词进行精炼，能大大提高标题的传播度和阅读体验。书写者应该遵循最终的标题无一字可删的原则。

## 2.1.2　悬念式标题吸引读者

标题要吸引读者有多种表达技巧，而悬念式标题是常使用的一种类型，通过设置悬念能快速吸引读者，并引出文案。下面有几个设置悬念的方法，可供书写者参考。

### （1）说话只说一半

当一件事的所有要素都存在，就没有悬念感了，因此，书写者可以通过省略表达的内容来设置悬念，比如利用省略号，具体来看下面的实例。

**实例范本｜××品牌春节推广文案**

【标题】我在#当父母得知你过年不回家时#的话题里，找到了……

【文案内容】

有这样一种车次，翻山越岭，穿过千山万水，最后的终点都是同一个站名：家。愿所有的想念，都会被看见。我们收集了 20 个话题下温暖的评论，不论是见屏如面，抑或是就地过年，用心看完，愿每一个小我都能被温柔以待。

不管过年模式发生了怎么样的变化，言语里藏不住守护和关心，我们能做的就是多关心他们、多表达爱意。表达爱意，是我们一生的课题，用 oatoat 给家人送上真心的礼物，献上我们珍贵的祝福，无论你是否可以回家，去坚定直白地表达你的爱意吧！

该实例是春节的推广文案，发布于春节这样一个特定的时期，以春节期间的热门话题"当父母得知你过年不回家时"为牵引，罗列话题下不同人群的真实感受，唤起人们的乡愁和对父母的思念，借回家送礼的理由，自然推出品牌旗下营养健康的产品。

文案标题仅仅抛出当前热门话题的名称，用省略号制造悬念，受众一看到这样的标题，就会忍不住一窥文案全貌。

### （2）新奇概念引悬念

公司或品牌在推新的时候，可以直接将新奇的概念或产品展示出来，不加多余的形容词进行描述或介绍，为了了解新奇的事物，读者会进一步阅读内容，如下面的实例所示。

**实例范本 ｜ ×× 品牌护肤理念推广文案**

【标题】"油养基本法"又上热搜？

【文案内容】

NO.1/#1 颗见效 #

NO.2/# 全新水感精华油 #

NO.3/# 以油养肤真香 #

NO.4/# 混油肌也可以用的精华油 #

NO.5/# 它居然做到了以油控油 #

互动赢宠礼，截至 2022 年 8 月 25 日 12:00，点赞、在看满 500 人，抽 3 名留言粉丝，各送出【轻感金胶】30 粒正装 1 份（零售价 390 元）；点赞、在看满 1000 人，再抽 3 名留言粉丝，各送出【轻感金胶】30 粒正装 1 份（零售价 390 元）。

该实例的主题是"油养基本法"，品牌为了推广自己的护肤理念，特进行抽奖活动，当然首先需对"油养基本法"进行介绍。

首先看标题，直截了当地抛出主题概念"油养基本法"，其次表明该概念又上热搜，让人不明所以。这样的句式给读者留有很大的想象空间，包括：为什么上热搜？上热搜的内容是什么？热搜的反应有哪些？

在正文中又对 5 项热搜内容进行罗列，分别具体地介绍，然后详细说明抽奖活动的具体规范，推广的同时又提高了受众的参与度。

### （3）直接抛出结果

要想引起悬念，还可以改变正常的叙事逻辑，将事件结果直接抛出，隐藏起因和经过，结果自然像蒙上了一层面纱，有很多可探究的元素，悬念一起，读者的兴趣就来了，如下面的实例所示。

**实例范本｜××特殊奖项介绍文案**

【标题】云鲸智能，我们获奖啦！

【文案内容】

2019 年 10 月 16 日云鲸智能在亚洲最大的电子展上荣获 Electronic Industries Award（EIA）金奖。本届 EIA 创新科技云集，吸引约 4300 家共 24 个国家及地区的企业参展。云鲸拖地机器人能从众多科技产品中脱颖而出，也深感荣幸。

云鲸 J1，一台能"自己"洗拖布的拖地机器人。海外众筹超过一百万美金，获得每日邮报、福克斯等海外媒体报道。

目前"双十一"预售中。

该实例中品牌为了宣传自身的技术优势，对获奖情况进行介绍并编写相应的文案。文案标题则直接写出"我们获奖啦"这一情况，并没有多余的描述，这样会吸引读者探究背后的故事。

若是把标题换为"EIA 创新科技云集"，对比起来就显得毫无特色，读者一看便知是对科技展的描述，太过直白和一目了然，少了几分吸引力。

## 2.1.3　抛出问句引人思考

标题以问句形式表达，在日常生活中运用广泛，企业抛出问题，并不是真的要询问受众人群，而是要引起受众的兴趣、思考和关注，进而产生互动。书写者可以利用一些疑问词表达疑问、反问等状态，包括如何、怎么样、为什么、难道等。

其实，即使是问句形式也有不同的表现风格，具体运用来看以下一些类型及其实例。

## （1）以"物"为主语

在公司想要推广宣传某产品时，以该产品为主语进行提问，既能自然而然地带出产品，又能引起读者的好奇心，还能突出产品某一方面的特质，如下面的实例所示。

**实例范本｜××飞刀削面 817 吃货节活动文案**

【标题】一碗六块钱的面长什么样？

【文案内容】

俗话说得好——"世界面食在中国"，纵观中国的面食舞台，必有刀削面的一席，刀削面是山西具有代表性的面食，已有数百年的历史，作为中国"十大名面"的前三甲，它收获了"银鱼落锅"的美名。快刀削面，锋刃经过光滑面团，面粉被刀气掸起，中厚边薄，棱峰分明的面条飞出，形似柳叶，柔韧劲道。

想吃这样一碗刀削面，不用走一趟山西朝圣，也不用串一遍街巷寻味，统一集团 2021 年全新力作——飞刀削面，只需 6 分钟，还原传统刀削面劲道口感。

今晚锁定 817 吃货节专场，飞刀削面香喷喷亮相！精选口味搭配，39.9 元 8 袋，随机再送热销款 2 袋尝鲜！6 分钟，煮了这碗飞刀削面！

该实例是统一品牌产品飞刀削面的活动推广文案，文案主要对产品特色进行介绍，然后对活动时间、活动名称及产品优惠进行介绍。但在标题中并未直接点出 817 吃货节活动，而是通过一个疑问句，引出产品与众不同之处，即"六块钱的面"。显然，该款产品的价格相较一般产品更高，这样会引起受众的思考：该款产品为什么值"六块钱"？"六块钱的面"究竟有哪些与众不同之处？

## （2）邀请句式

问句的表达自带互动性，通过问句表示邀请的意思，能够加强与受众的联系。下面通过一些实例了解问句的邀请表示。

**实例范本 ｜ ×× 品牌系列产品推广**

【标题】纳诺怡 Power 大挑战！你敢接吗？

【文案内容】

如果你打了个喷嚏，除了因为有人在想你，也可能是空气中的细菌异味、衣物上的过敏原正在刺激着你的感官、威胁着你的健康！这时机智的小伙伴可能会说：不怕，我家有纳诺怡！

纳诺怡可以通过施加高电压分离水分子，产生的带电净水粒子有除味、除菌、滋润的功效。但纳诺怡真的有那么神奇吗？下面让我们实践出真知，进行感官评价实验！

松下纳诺怡冰箱向人类嗅觉 1200 倍的鼻子发出挑战！

Step1，提前把白布放在冰箱里，吸收上 12 小时浓浓的泡菜味。

Step2，不愧是搜救能手狗狗 Charlie，一瞬间就找到了，放在 4 号位的"泡菜布"！

Step3，使用纳诺怡对白布进行 1 小时净味处理，即使是拥有人类 1200 倍嗅觉的 Charlie 也找不出来了。纳诺怡除味大挑战成功！

该文案的目的是推广松下品牌的纳诺怡系列产品，正文中对公司策划的挑战活动进行介绍，充分展示纳诺怡的功能与优势。标题采用反问句的方式，一来让读者对企业推出的挑战好奇，二来让读者产生参与感，使对方成为挑战活动的一员。

下面来看另一个实例，企业推出概念及产品的同时，邀请受众群体参与进来。

**实例范本 ｜ ×× 品牌护肤理念宣传文案**

【标题】要不要一起，早 C 晚 A？

【文案内容】

女性平均护肤时间为 28.3 分钟 / 天，关于这 28 分钟，你挑选哪些护肤品？又如何安排使用顺序？ HFP 特邀配方师，想和你聊聊"风很大"的早 C 晚 A。

早 C 晚 A 盛行，证明越来越多的人在护肤上更追求成分、看重功效，这是非常好的事情。但是对成分的追求，不应该只是对高浓度的盲目崇拜，更应该建立在对护肤思路、成分了解的基础上，按需选择，科学护肤。

皮肤是脆弱的，一味追求高浓"猛药"，往往可能舍本逐末，给肌肤带来的损伤甚至高于收益。这也是为何我们一直坚持护肤要简单、温和、有效。

在成分护肤的路上，HFP很高兴与你一路同行。

HFP护肤品品牌通过对护肤理念的深度解析，推广对应的护肤产品。本实例重点讲解"早C晚A"概念，在标题中便展示了该主要概念，并以反问句式增强互动感。简单一句话，既能说明主题，又能拉近与读者的距离，一举两得。

通过以上两个实例可以了解到，企业要加强与受众群体的互动，可以通过问句表达邀请的意思，这其中的诀窍如表2-1所示。

**表2-1　邀请互动的表达诀窍**

| 诀窍 | 具体示例 |
| --- | --- |
| 第二人称 | 用第二人称可以给人一种在对话的感觉，比如下面一些表达：<br>• 年后首次折扣活动！这力度你爱了吗？<br>• 洗脸，你真的选对产品了吗？<br>• 这有你的新年守护色！确定不来看看？<br>• 夏天就要来了！你还敢胖下去？<br>• 这款刷爆朋友圈的纸巾，你在用了吗？ |
| 使用邀请词 | 常见的邀请词有"不如""一起""要不要""你敢"等 |

## （3）有问有答

问句中有一特殊句式，即设问句，设问句无疑而问，自问自答。根据内容的需要，设问可以采取连用的形式，直接用设问做标题，能吸引读者，启发读者思考，更好地传递文案主题。先来看下面的实例。

**实例范本｜××品牌科普宣传文案**

【标题】卫生巾储存放哪都行？大错特错！

【文案内容】

还有姐妹觉得卫生巾存储随便放哪都行？敲黑板！为了健康这几个知识点一定要看完！

注意买正品，首选大型企业和知名品牌的官方渠道购买，大品牌坚不可摧的防护体系，能让卫生巾达到卫生标准。

干燥密封保存，用不完要用干净可密封的收纳袋包起来，放置在干燥且通风良好的地方，避免卫生巾因受潮而滋生细菌。

保质期内用完，大品牌卫生巾具有严苛的品控管理和卫生保证，但是，一旦过了保质期就无法保证无菌了，使用前一定要注意检查保质期！

很多企业为了宣传品牌和产品，会定期发布一些与产品有关的科普文案，帮助受众正确认识产品，顺便推出产品。本实例中，高洁丝品牌针对卫生巾的科学储存介绍了 3 点注意事项。

该文案的标题并不是"卫生巾该如何储存"这样简单的问句表达，而是以设问句，先抛出反问句"卫生巾储存放哪都行？"表示了一种否定，以及女性人群普遍的错误常识，然后接着回答"大错特错！"继续强烈否定，有效传递情绪，可感染读者，吸引读者阅读。

## 2.1.4　从标题中看到文案观点

文案标题直接表达文案观点，是一种态度的体现，能够快速定位受众群体，吸引那些认同此观点的人群，也能间接推广品牌文化。表达文案观点也有两种方式，具体如下。

### （1）暴露问题

对于日常生活中需要解决的问题，直接在标题中暴露出来，一边表示否定，一边提出解决的必要，这样深受该问题所困的受众一定非常重视，具体来看下面的实例。

**实例范本 | ×× 品牌科普文案**

【标题】朋友，你是超级"塞牙人"吗？

【文案内容】

其实，塞牙也是一种病。除了口臭以外，这些口腔疾病也会因为塞牙而发生！

牙周炎是成年人发生食物嵌塞最常见的原因之一。牙周炎常常导致牙齿发生不同程度的松动、移位，原本紧密排列的牙齿之间出现缝隙，食物残渣就很容易嵌进去。

牙齿日复一日地切割、研磨食物，都会造成生理性的牙齿磨耗，正常情况下并不会使牙齿之间出现间隙。但是，如果牙冠发生过度磨损，就会容易造成食物嵌塞，严重时则会造成疼痛感。

发展到一定程度的龋齿，牙齿上会出现龋洞，这些"洞"是塞牙的高发地段，可是要清除这些嵌塞的异物就没有那么方便了。如果龋齿发生在牙齿的邻面，会使两个牙齿之间产生间隙，吃东西时更容易塞牙。

塞牙之后如何处理呢？

1. 饭后勤漱口和刷牙。

2. 使用牙线剔牙。

3. 定期检查。

清幽是生物科技口腔护理品牌，该例是该品牌定期发布的科普文案，符合品牌科技护理的经营理念。该科普文案的标题紧扣"塞牙"问题，从标题中可以感受到书写者传递的观念，即塞牙是有问题的，人们应该避免塞牙，并解决塞牙问题。

标题展示的问题也是正文书写的内容，全文围绕塞牙的不利影响进行介绍，并告诉读者塞牙的解决办法，在最后推出品牌产品链接。从标题到正文，观点内容非常连贯，提高了阅读的流畅度。

### （2）展示功能

很多时候企业要推广产品，都会着重放在功能、功效的介绍上，如果将功能、功效变成一种日常观点，推广起来就更有利了。在文案书写中，书写者可直接在标题中展示产品功能，如下面的实例所示。

**实例范本｜××衣物护理产品宣传**

【标题】与喜爱衣物的相处之道，好衣服都要护理出来

【文案内容】

不知道大家会不会和我一样，衣柜里衣服很多，但经常穿的衣服就那么几件。尤其是冬季衣物，数量不多，穿的次数频繁，但是清洗护理又比较难，你需要这些好物来帮你！

卫诺衣物消毒液。衣服除菌当然要选专业的衣物消毒液,成分温和不伤衣,杀菌率高达 99.999%,有效杀灭衣服中隐藏的各种致病细菌,这下可以放心穿了!

衣物清洁干净是护理的基础,但这还不够!就像头发护理,用完洗发水还不够,想要头发顺滑还需要用护发素。而柔顺剂就是衣物的护发素,看起来似乎并非不可缺少,但是作用却是非常重要的!尤其是冬天天气干燥,衣服更加需要柔顺剂的呵护。

蓝月亮绿色柔顺剂。这款柔顺剂采用新一代水溶性环保配方,柔软成分源自天然棕榈油,能够润滑衣服纤维,减少摩擦产生的静电,让衣服洗完后柔软舒适不毛躁。

衣物质感需要用心护出来,陪伴我们的时间也能更长久,快来给你喜爱衣物选择适合的护理剂吧。

该文案是蓝月亮品牌对旗下各种洗护产品的宣传,为了顺利推广旗下各种功效的洗护产品,蓝月亮将品牌的"衣物相处之道"变成基本理念,适时推广。

文案标题中"好衣服都要护理出来"一语道出护理的重要性,也说明了选用护理产品的重要性。接着,在正文中对标题的概念进行丰富补充,并加入不同功效的护理产品,观点与产品相辅相成,受众更易接受。

## 2.1.5　让数据增加可信度

在标题中适当加入数据能使抽象的概念变得具体,文字说得天花乱坠,始终比不上数据信息带来的可信度,而且使用数据能以最直观的方式刺激受众情绪。下面通过一个简单的实例来了解数字化的标题书写。

**实例范本 | ××品牌眼部护理产品推广**

【标题】让眼周肌肤年轻 10 岁的护理秘籍

【文案内容】

眼部护理是面部护理的重中之重。眼周皮肤是最薄并且是最容易衰老的,眼周的肌肤要比面部肌肤提早衰老 8 年。因此眼部肌肤需要更细致专业的护理,否则就容易产生眼部肌肤问题。

　　日常眼部卸妆清洁要做到位，并且选择合适的眼霜进行日常按摩保养。艾诗可因焕彩眼霜就能很好地满足日常眼部护理的需求。

　　焕彩眼霜专为敏感肌设计温和配方，特别添加寡聚玻尿酸高效补水、持久锁水。坚持使用可分解眼周色素沉淀、淡化黑眼圈、改善眼袋问题，眼霜质地清爽，无须担忧脂肪粒问题。

　　该实例是对眼部产品的介绍，文案主要介绍眼部护理的重要性和护理方法，顺势推出"焕彩眼霜"产品。标题通过"年轻 10 岁"一下抓住受众群体的心，比起护理秘籍，年轻 10 岁带来的冲击力不言而喻。

　　那么，标题数字化的表达有哪几类呢？具体如表 2-2 所示。

表 2-2　标题数字化的类型

| 类型 | 示　例 |
| --- | --- |
| 总括型 | 对文案内容进行概括，得出要点内容的数量，在标题中展示出来，有明确的指向性。示例如下：<br>关于防晒的 4 个终极问题，再不看就晚了！<br>春季敏感危"肌"来临，在家自救看这 3 点就够！<br>坐多久算久坐？掉多少算脱发？7 个你最关心的问题，一次说清！<br>最新指南发布：3 个你必须知道的幽门螺杆菌知识<br>20 种常见恶性肿瘤的筛查和预防方法<br>针对幽门螺杆菌的 16 个灵魂拷问<br>三招 get 经典法式妆容<br>进！聆听肌肤治愈五重奏<br>6 步提塑攻略，手把手教你 get 紧致轮廓 |
| 素材型 | 在标题中透露文案写作的数据依据和资料，让读者看到写作素材的专业性。示例如下：<br>8 亿人每天都在假装做这件事，有你吗？<br>一年花掉 416 亿元，嘴巴真的太费钱！<br>58742 名女性与你一起，重新定义年轻 |
| 指数型 | 对功能效率或优势进行说明，通过数字表示产品或品牌的不凡。示例如下：<br>神秘成分解决 99% 的皮肤问题！<br>兰蔻双 11 荣登全美妆 NO.1，感恩有你！<br>3 分钟教你神采奕奕去拜年<br>蕴能 10000 小时，凝时于双眸<br>每秒卖出 4 个的秘密，公开！！ |

## 2.1.6　福利元素激发读者兴趣

现在很多企业为了宣传产品，会定期做促销活动，同时发布促销活动的有关文案，这些文案如何吸引消费者呢？最好的办法是在标题中直接插入福利元素，读者看到标题即刻就能明白有优惠活动，进而注意文案内容。

促销福利的表达有多种，具体可分为以下 3 类。

### （1）数字减免

通过数字展示优惠情况能让受众直观了解实际的优惠力度，从而产生较高的兴趣，这也是最能刺激消费者神经的元素之一了，如"5 折优惠""满1000 减 300""200 元 8 件随便挑"……具体来看下面的实例。

**实例范本｜××品牌店庆优惠文案**

【标题】京东店庆六周年，满 300 减 220！

【文案内容】

重大通知！明天将迎来三只松鼠京东自营旗舰店 6 周年店庆，并伴有超强折扣优惠，预计 27 日下午开始预热，28 日 0 点正式强烈爆发，阿鼠特向主人发送这份温馨提示，各位主人注意囤货时间哦。

看了这么多优惠，主人是不是感受到了阿鼠的满满诚意，但这是远远不够滴。

1. 扫描下方二维码。

2. 添加阿鼠微信。

3. 成为阿鼠好友，解锁更多优惠。

该实例是三只松鼠品牌周年店庆的促销文案，标题简单直白，首先说明促销背景，即"京东店庆六周年"，紧接着告知促销优惠的具体条件，没有多余的内容，读者一看标题，就立马明白了 4 个重要信息：

- ◆ 有促销活动。
- ◆ 促销背景。
- ◆ 促销条件。
- ◆ 促销力度。

## （2）特定时限

在标题中说明优惠福利的时间期限可以为促销活动预热，提前一段时间发布的促销文案往往采用这种写作方式。这种情况下，优惠力度、优惠条件不是最重要的，而应将读者的吸引力放到特定的时限上。这样，读者就会在接下来的时间留心优惠活动的开展，也就达到了预热的目的。来看下面的实例。

**实例范本｜×× 品牌 9 月促销活动**

【标题】霸道总裁上线，9 月宠粉不设限

【文案内容】

9 月的会员日，霸道总裁小蓝不要你觉得，我就要宠你！

宠爱福利 1：大额礼券，不止五折。关注蓝月亮旗舰店成为粉丝，即送52 元优惠券，满 99 元即可使用。绑卡入会即送 15 元优惠券，会员积分还可以兑换 5 元优惠券。

宠爱福利 2：0 元领取产品。会员日当天，开放 0 元产品试用通道，我就要让你做我的产品试用官，新品除霉剂、至尊浓缩洗衣液免费领取试用。

看完我的宠粉福利，是不是很心动？心动就把"宠粉"打在公屏上了！别忘了，再来个点击"关注"＋一键入会！

该文案对蓝月亮品牌 9 月会员日的福利进行介绍，标题很有创意性，以"霸道总裁""宠粉"来表达企业送福利的意思；以"9 月"表明优惠的时间期限，提醒受众注意 9 月的优惠活动；而"不设限"变相说明了优惠的力度是很大的，可借此引起受众的期待。

除了以月份作为优惠时限元素，还有很多其他的表达，包括以下几种。

- ◆ 常规节日，如中秋节、国庆节和春节等，常在文案标题中加入节庆元素，更有针对性。
- ◆ 购物节，如双十一、618、88 会员日等。
- ◆ 特殊时令，如三伏天、秋分、腊八等。

### （3）送出礼物

以送礼代替各种折扣，是企业发送福利的另一种形式，在标题中通过"礼物""送礼"等词语可直接刺激受众的视觉神经，也是常用的表达方式。来看看如下的实例。

**实例范本｜×× 品牌圣诞礼物发送活动**

【标题】不会吧不会吧？有人还没收到圣诞礼物？

【文案内容】

活动时间：2021 年 12 月 23 日 19:00 ～ 2021 年 12 月 30 日 18:00

参与资格：本活动仅限高洁丝微信公众号粉丝参与

活动规则：

1. 12 月 23 日 19:00 至 12 月 30 日 17:59 期间，找到高洁丝公众号推文《不会吧不会吧？有人还没收到圣诞礼物？》隐藏抽奖卡片并截图。

2. 点击【点击抽奖】即可进入抽奖平台，点击【参与抽奖 - 添加图片】上传截图，图片上传成功即算成功参与此次抽奖。

3. 12 月 30 日 18:00 统一开奖，12 月 31 日起客服统一审核中奖结果。如中奖者没有按照规则上传截图，将取消中奖资格。

4. 中奖用户需保证所提供的快递信息真实无误，未按要求提供快递信息或提供信息有误导致配送不成功的用户将被视为自动放弃本次活动礼品，礼品将不再另行补发。

......

该实例是高洁丝品牌圣诞抽奖活动的文案，正文对抽奖活动的时间、参与资格以及规则进行说明，标题却没有直接书写抽奖活动的有关信息，而是以两个问句渲染情绪，再以"圣诞礼物"刺激读者。

看到"圣诞礼物"这 4 个字，读者就能明白这是企业送福利的活动，同时点明圣诞时限，读者的兴趣一下子就被激发了。

## 2.1.7　对比突出文案主题

在标题中体现对比，可塑造反差，一来让读者产生好奇心，二来体现主题内容。想要让读者关心对比的差异性，要做到以下几点。

◆ 用于对比的对象必须是受众在意的痛点和问题，如污脏与干净的对比、胖与瘦的对比、粗糙与光滑的对比。

◆ 对比的差异要大，受众知道明显的差别才能提高其重视程度，如果只是些微不同，那就没有对比的意义了。

◆ 利用符号与数字，可有效增加对比的程度，如"十年前 vs. 十年后""一下子年轻 10 岁"等。

下面的实例便以产品使用前后作为对比，介绍产品的功效，达到宣传目的。

**实例范本｜××品牌洁厕产品推广文案**

【标题】年底大扫除作战计划：卫生间跟新房一样

【文案内容】

又脏又累的卫生间清洁，是家务中最受"嫌弃"的，能做到一周打扫一次的人就很不错了，很多人对卫生间清洁都是这个态度：

想拥有一个干净整洁的卫生间吗？当然想！

愿意多花点时间精力去搞卫生吗？不能……

所以，我只想要轻轻松松让卫生间焕然一新，可不可以？没问题，小蓝今天给大家整理几款好用的卫生间清洁用品，让你打扫卫生间更加轻松，而且不留死角，轻松焕新。

……

你看，要想让卫生间焕然一新也并没有多难吧。以上这些方法用起来，立马让家里的卫生间光亮如新，而且轻松省力、毫不费劲，再也不用为卫生间的清洁发愁了！

本例中，标题被几个关键信息串联起来，分别是"年底""大扫除""卫生间"，相信对很多读者来说，年底的卫生间大扫除是非常麻烦且困难的，消毒除菌、打扫干净非常不易，标题展示的信息一下就戳中了很多读者的痛点。

通过卫生间与新房的对比，进一步告诉读者清洁产品的功效，可以达到"卫生间跟新房一样"的效果，卫生间与新房的差距更加凸显文案主题内容，有效激发受众的购买欲望。

## 2.1.8  一反常规让人眼前一亮

常规的标题太多了，要在众多的标题中脱颖而出，书写者需要一反常规，让读者看到标题中的亮点，可以夸张书写，可以玩"谐音梗"，让读者觉得新奇，自然就能往下阅读了。下面介绍了一些。

### （1）把标题变成诗

对一些高端品牌来说，可用写诗的方式书写标题，不仅文艺范十足，还与品牌的格调相契合，且诗句的表达方式既简洁又易读，方便读者接收标题所传递的信息。

当然，在编写标题诗句时，以通俗易懂为佳，避免晦涩难懂的表达，兼具文艺与明朗。如下面的实例所示。

**实例范本｜××品牌展览介绍文案**

【标题】白茶清风无闲事，我在等风也等你

【文案内容】

时间：2017 年 7 月 19—21 日

地点：国家会展中心（上海）

展位号：4.2 馆（4-2H22.4-2H23）

××公司创办于 2001 年，公司位于江、浙、沪两省一市交会处的浙江省经济强县，公司占地 150 亩，总资产 3.5 亿元，员工 500 余人。公司始终将人才、技术和先进设备的优势置于企业发展的重要位置，精细化的内部管理，科学的质量体系认证，新产品的研发中心和一大批专注于造纸的专业技术人才团队为企业的可持续发展提供了有力的保证，公司在 2007 年顺利通过了

ISO 9001、ISO 14001 以及 OHSMS 18001 的体系认证和清洁生产审核，先后被评为浙江省绿色企业、浙江省国税纳税大户、浙江省工商企业信用 AAA 级"守合同重信用"单位、省级诚信民营企业，并被授予市级文明单位等荣誉称号，同时还是国家发改委发布的全国千家最具成长型中小企业之一。

××系列纸面巾，为××公司研发团队历经 3 年呕心沥血，投入巨资和无数次试验，终于研发出的多分子分层吸收技术的全新产品。

××系列保湿纸面巾的发明填补了国内在该市场上的空白，该纸巾添加纯天然植物萃取精华，使得触感如婴儿肌肤般柔润。给您和您的家人带来不一样的柔润体验！

......

该文案是弘安品牌展览的邀请文案，品牌希望通过该文案向读者告知近期的展览活动和具体信息。文案内容包括 5 大部分，即展览活动信息、公司简介、品牌介绍、展位效果图及交通指南。

标题"白茶清风无闲事，我在等风也等你"没有透露多余的信息，诗意的表达增加了标题的感染力，只向读者表达了静候光临的诚意。就该文的写作目的与主题内容来说，在标题中表达诚意就已足够，采用这样的表达方式也算相得益彰。

### （2）引经据典

为了让标题与众不同，在标题中加入经典的文学元素，如四大名著、知名的历史人物及文学形象，这样可借助这些经典的文学元素拉近与受众的距离，同时有趣生动地传递标题含义，给受众留下更深刻的印象。具体来看下面的实例。

**实例范本 | ×× 汽车推广文案**

【标题】唐 DM-i 十二式 | 第四式：轻盈姿态 翩若惊鸿

【文案内容】

动作轻灵飘逸

铝合金多连杆底盘加持

*身姿轻盈，体验冰上舞动的灵动姿态*

本例是 ×× 汽车品牌旗下的唐 DM-i 系列汽车的销售文案，为了吸引客户预订，该文案重点突出汽车的卖点，即轻盈灵动。

标题引用了三国时期大诗人曹植的《洛神赋》——"其形也，翩若惊鸿，婉若游龙。荣曜秋菊，华茂春松。"此篇赋是曹植辞赋中杰出作品，辞藻华丽，因而流传很广，为大众所熟知。

尤其是"翩若惊鸿，婉若游龙"这一句，曾被用来赞美王羲之的书法之美，还被用于称赞花样滑冰冠军的冰上风采，所传达的意境突出，与该系列汽车的卖点十分相符。加之该系列广告将汽车奔跑的线条与花样滑冰的身姿结合，让标题引用的诗句更具象化，重复加深客户对汽车的印象，有锦上添花的作用。

### （3）谐音"梗"不过时

中国文字博大精深，因此产生了谐音这种特殊的表达方式，利用汉字同音或近音的条件，产生辞趣的修辞格，增强表达效果。在书写标题时，我们也可利用谐音表达，达到耳目一新的效果。如下所示。

*双 12 预告来袭，一起来做"折"学家！*

*不"误"正业，有个新裤子想让你看看*

*出了这口"恶气"，才能尽享亲近！*

### （4）话锋一转

转折，表示某个事物的转变、变化。转折式的表达在日常生活中使用较多，用于强调变化后的状态，这种表达方式能打破人们的心理预期，让其重视接下来的发展变化。

在转折句式中常常出现一些关联词，如"可是""但是""尽管……还""却""不过""然而""只是""虽然……但是……""毕竟"等，可加强转折语气。

在书写文案标题时，用转折句式吸引读者注意力非常有效。具体来看下面的实例。

**实例范本｜××品牌科普推广文案**

【标题】这样刷牙，等于"自残"

【文案内容】

刷牙这件事，我们每天都在做。不过，有不少人生怕刷不干净，选择了一种暴力刷牙方式——拉锯式刷牙。

回想下，你是不是也会手拿牙刷，在牙齿上大幅度横着来回刷啊刷……最近有个姑娘，因为这种刷牙习惯，居然要补整口 22 颗牙。

古往今来，刷牙方法有许多，但其中最流行、最被牙医推荐的是改良巴氏刷牙法。这种方法易于掌握，适合绝大多数人群使用。现在我们就来一步一步学吧！

口腔护理品牌常发布一些相关的科普文案，既可以宣传健康知识，又顺便推广品牌和产品。该文案以刷牙方式为主题，向受众宣传科学健康的刷牙知识，同时纠正常识性的错误。

标题分为两个部分，"这样刷牙"是文案中提到的常规刷牙方式，不明确的表达可以让读者好奇，也能将标题简洁化。"等于'自残'"表示坚决否定和不认可的态度，一反常态，加重读者的好奇心，引起读者的警觉。

在纠正或否定一些常识性错误和情况时，转折式的表达是比较契合的，其行文逻辑为"你以为……但实际……"，让人有意外的发现，才能做到印象深刻。

## 2.1.9　提醒式标题引起重视

提醒式标题站在受众的立场上传递有用的信息或服务，顺便宣传企业，因此标题更注重实用性，不以修辞表达来吸引读者。编写提醒式标题，需要了解以下几个要点。

- ◆　列明重要信息。

- ◆　直接给出建议、做法或要求。

- ◆　善用祈使句，增强语气，引起注意。

下面通过具体的实例来了解提醒式标题的编写。

**实例范本｜××品牌实用宣传文案**

【标题】画好眼线，掌控你的美

【文案内容】

眼睛是心灵的窗户，眼线妆点让它更为明亮，勾画优美线条，让双眼更加迷人。

眼距比较开如何画眼线？

手抖导致线条画不顺畅、两边不一致怎么办？

眼线晕妆严重，上了散粉又很干，怎么办？

可以用眼影代替眼线笔吗？

眼线液、眼线笔和眼线膏应如何选择？

优美线条扮靓心灵之窗，兰蔻与你一起闪耀灵动双眸。

该例主题内容是画眼线的各种方法，对于爱美人士来说，提醒他们重视眼线的勾勒，顺便推出品牌的眼线产品，就是文案的最终目的。

标题"画好眼线，掌控你的美"直接点出主题元素"眼线"，将"画好眼线"与"美"联系起来，突出画好眼线的重要性，简单的一句标题却传递了多重信息。

## 2.2 文案开头决定读者去留

一篇完整的文案必然有开头、有结尾，如何为文案开个好头，相信是所有书写者共同思考的问题，有好的开始才能承上启下，展开后文书写。而对读者来说，文案开头若是毫无吸引力，可能很快就失去兴趣，放弃阅读了。

要解决这个问题，书写者应懂得一些基本的开头写作技巧，在开头设置一个吸引读者的"点"，这样才能留住大多数读者。

## 2.2.1　开门见山，直戳客户痛点

在文案开头直截了当地抛出与读者有关的信息，能够快速吸引读者。这种书写方式虽然没有什么技巧性，但简单易用，谁都可以快速掌握，并立即使用。那么，什么样的信息在一开始就能吸引读者呢？

### （1）可得利益

在文案开头就将读者可得的利益进行说明，读者自然就能继续阅读下去。如下面的实例所示。

**实例范本 ｜ ×× 品牌开年优惠活动文案开头**

1 月 1 日至 1 月 10 日，兰蔻诚意献上丰富新年豪礼：

美丽开年礼、三重新年温暖买赠，以及囤货党最爱：三款超大容量明星单品，陪你温暖过新年！

文案开头对此次优惠活动进行总括，让读者一开始便获得所有优惠信息，接着才一一介绍具体的优惠项目。开头部分虽然简洁，但是该有的内容一样不少，包括优惠期限、优惠活动名称及优惠项目。

简单几句话，信息却不少，读者短短几秒就能获得关键的优惠信息，可以说瞬间点燃了读者阅读的兴趣。

### （2）刺激痛点

要想受众关注品牌，一定要戳中其痛点，只有找到受众在意的问题，并给出解决办法，才能得到其青睐。编写开头时，书写者可以直接将受众面临的困难、问题摆在最开始，刺激读者的神经，能有效引导其往下阅读。如下面的实例所示。

**实例范本 ｜ ×× 品牌科普宣传文案开头**

7 天春节长假放肆玩，家庭聚会欢乐多，然而，胡吃海塞、不规律作息等，也带来了暗沉、干燥、水肿等肌肤问题。如何应对？2 种拯救肌肤大作战，助你见招拆招。

该文案是兰蔻玫瑰愈颜霜的宣传文案，先在文案开头书写节后常见的肌肤问题——暗沉、干燥、水肿，抓住有此问题的读者，然后立刻提出两种拯救方法，吸引读者继续阅读。

开头叙述一环扣一环，让读者"无处可逃"，行文逻辑如下所示。

春节背景→引发问题→应对绝招

### （3）询问读者

在文案开头直接向读者提问，可建立对话的氛围，直接将读者拉入设置的情境中，这样从表达上与读者产生联系，也是个不错的方法。具体来看下面的实例。

**实例范本｜××品牌早餐食品推荐文案**

早安～

想好今天吃什么早餐了吗？

麦满分还是炒蛋堡？

配美式还是配拿铁？

为了推出旗下的早餐食品，文案开头便开启了对话模式，先向受众对象问好，接着用一连串的问题拉近与读者的距离，并透露了各式产品信息——麦满分、炒蛋堡、美式、拿铁，可谓一举两得。

可以看出开头的提问是有目的性的，就是要将读者的注意力从"早安"引向"早餐"，再转移到各色早餐食品上，接下来，读者就会顺理成章地了解有哪些经典的早餐配搭。

## 2.2.2 小故事留住读者

懂得用故事来传递信息和观念是文案书写者的必修课，故事能丰富文案元素和文案趣味性，还能增加宣传的真实性。但无论是真实案例，还是虚构的，都应该注意以下一些细节。

◆ 故事基本元素包括时间、地点、人物、背景、起因、经过与结尾，这些元素可以有所缺少，但要保证故事的完整与顺畅。

- ◆ 与文案主题有关联。

- ◆ 铺垫正文内容。

- ◆ 故事一定要接地气，最好是生活中常发生的事件，这样读者代入感更强烈，也更有共鸣。

故事的叙述方式也有两种，分别是直叙式和对话式。下面来看两者的区别。

## （1）直叙式

直叙式，简而言之就像写作文一样，直接展开故事，以呈现故事内容为主，虽然呈现形式与一般文案无异，但在内容上往往更胜一筹，有非常强的感染力。下面来看有关实例。

**实例范本｜××桂花兔精油香薰首发文案**

月圆夜，站在桂花树下赏月，桂花乘秋风飘落，幻化成桂花兔"观观"，将花好月圆送到人间。

金秋限定"桂花兔"，带来一份浪漫的"月下相逢"限定心意。

为了推广新款的精油香薰蜡烛，结合产品形状，将产品名定为"桂花兔"。文案开头设定了一个巧妙的故事情节，故事发生的时间在"月圆夜"，背景为"桂花树下赏月"，而产品"桂花兔"则是由桂花幻化而成，结果是"为人间带来花好月圆"。

故事有基本的元素、有奇幻的设置，短短几句话为产品本身赋予了诗意和灵魂，并将读者也拉入情境之中，共同体会美、浪漫与幸福。

## （2）对话式

对话式，顾名思义就是以对话的方式展示情境，就像发生在读者身边一样。简单的一问一答，若是再配上画面，就像漫画一样，读者可快速认同文案所表述的人物、设定与情节，进而对接下来的内容产生兴趣。

**实例范本｜××品牌夏日美味宣传文案**

A：好热啊！

B：最高40℃，最低39℃！

A：最近天可太热了……

B：是呀是呀，你看咱老板热得都没胃口了。

C：你俩上哪去了？老板正找你俩呢！16:10去卫龙会议室开会，主题为夏日美食研讨会。

A：收到！

B：收到！

别走开！猜一猜开会说了啥？

该文案以"夏日美食"为主题，在文案开头设置了一个小小的对话情境，虽然对话并没有过多地展现故事内容，但是传递了几个关键信息，即

◆ 热。

◆ 没胃口。

◆ 夏日美食研讨会。

前两个信息是对读者的痛点进行感同身受的展现，后一个信息则针对痛点提出对应的夏日美食攻略，哪怕仅仅几句话，主要信息一个不少。书写者也应注意，对话式内容所占篇幅本就较大，若是还搞不清重点，编写一些累赘的对话，只会让读者懒得阅读下去。

实际书写时，可先将主题要素列出来，再来构思对话，这样不至于偏题，也不至于找不到重点。

### 2.2.3　常识纠错，让读者大吃一惊

什么样的内容能让读者大吃一惊呢？常识纠错往往能够出人意料，那为什么要在文案开头进行常识纠错呢？一来可以利用读者的求知欲，吸引他们阅读文案；二来在提供正确观念的同时，可借机推出产品。

如何将那些令人意想不到的常识问题自然地插入文案开头？常见的有两种方法。

#### （1）错误常识先行

书写者按照错误先行，而后纠错的行文逻辑书写开头，具体思路如下：

错误常识→表示否定→严重后果→最终结论/正确做法

接下来以具体的实例了解该写法。

**实例范本｜××品牌柔顺剂宣传文案**

很多小伙伴认为，洗衣服只需要用到洗衣液，把衣服洗干净就完事儿了。当然不是！

就像洗头发一样，不仅要用洗发水洗干净，还要用护发素护理，衣服也要用柔顺剂来保养，如果你还没有用过柔顺剂，那么就跟着小蓝一起来全面认识它吧！

文案开头直接介绍错误的洗衣观念，即"只需要用到洗衣液，把衣服洗干净就完事儿了"，然后立马否定。紧接着介绍洗衣与洗发的共同点，目的是由"护发素"引出"柔顺剂"，如果洗发要用护发素，那么洗衣当然要用柔顺剂了。

从仅使用洗衣液到使用柔顺剂的必要性，短短几句话将读者的观念扭转了，用常识打败常识，传递了护理的理念。

文案开头的第一句与最后一句绝不是多余的，由第一句可自然引出错误常识，而最后一句毫无痕迹地引出了下文，也就是文案的核心内容。

## （2）直接摆出常识内容

虽然将错误常识纠正让人印象深刻，但是将令人惊讶的、易忽视的常识直接摆出，也足以刺激读者的情绪，冲击读者的认知。这样的写法更直接、更简洁，可以更快引出后文观点，进入主题内容。如下面的实例所示。

**实例范本｜××品牌竹浆纸宣传文案**

纸巾的秘密，你知道多少？擦手、擦嘴、擦脸、擦鼻子，你数过自己每天用多少纸巾吗？

根据数据统计，每人每天使用纸巾的次数高达30次左右，成人的使用频度就如此之高，更何况是抵抗力还弱小的宝宝。所以宝妈们在选择纸巾上，一定要慎之又慎。怎么选择纸巾，宝妈们清楚吗？

相信很多宝妈和小编一样，买纸巾都是看柔软不柔软、包装精不精美呀，都不会仔细看等级标准和使用原料。殊不知，纸巾学问可大了。什么样的纸巾适合宝宝使用，你！清楚吗？

该文案为了宣传纸巾，从使用纸巾的日常行为出发，让读者震惊于"每人每天使用纸巾的次数高达 30 次左右"的常识，这个被忽略的常识能让读者意识到纸巾的重要性。

接着将内容引到"纸巾的选择"上，这里再次提出选购纸巾的常识，如柔软、精美，并表示否定态度，将重点放在"等级标准和使用原料"上，这也是文案主题"竹浆纸"的优势。

以常识作为开头引子，的确可以增强读者的代入感和共鸣，但常识的引用必须恰如其分，并与主题有所关联，哪怕是截然相反也行。就如以上两例：

第一个主题为护理，常识为"干净就行"。

第二个主题为使用安全，常识为"使用频繁""柔软""精美"。

### 2.2.4　利用新闻提升热点

在文案开头插入新闻，与用故事开头有异曲同工之处，但新闻本身的性质带来了权威性或是热度，不过比起故事情节的跌宕起伏，新闻就没那么容易调动读者的情绪了。

一般来说，用新闻开头有两种目的：一是借助新闻佐证观点，增加可信度；二是用新闻内容引出后文，后文与新闻的关联度要很高。下面通过两个案例来具体展现。

#### （1）用新闻佐证论据

若是想用新闻侧面证明文案观点，书写者应选择官方媒体或权威媒体发布的新闻，这样才能被大众认可。若是从一些自媒体上选择没有证实的新闻，很有可能误导读者，甚至降低文案的可信度与企业的形象。如下所示为可心柔品牌纸巾工艺宣传文案。

**实例范本｜××品牌纸巾工艺宣传文案**

平时去超市买餐巾纸，大家都是看看白不白、细不细，并不会仔细看等级标准和使用原料，但其实我们用过的纸巾，90%！都！不！合！格！甚至包括市面上一些知名品牌的产品！

餐巾纸导致白血病什么的，或许你觉得夸张了，但是劣质纸巾严重危害健康是不容置疑的事实，且不说有多少黑心加工厂，光是一些品牌纸业使用的原料和加工工艺，你了解真相后也是真的不敢再用，要知道纸巾是每天直接接触我们每个人的食道和呼吸道的啊，俗话说"病从口入"，好吓人有没有。

据央视报道，北京市消协对纸制品抽样实验，其中超过一半纸巾不符合国家标准要求，而餐巾纸的现状更是触目惊心，符合国家标准 GB/T20808 标准的竟然不到 30%。

很多不良厂家用的原料是回收纸，为了让纸巾看起来白净光滑，就在里面加入荧光粉和增白剂，甚至是大量的工业滑石粉，荧光粉让纸巾看起来很白，而滑石粉让纸巾摸起来很滑。

这样的纸巾对人体危害很大，会引起皮肤过敏乃至炎症，加重呼吸道系统疾病，还可能损伤神经和血液系统。

面对这样的现状，有一个人对此痛心疾首，他暗暗给自己发誓，一定要让国人用上最安全、最健康的纸。

……

为了让大众体会到可心柔纸巾的优质，书写者从市场上一些劣质产品入手，告诉大众原料选择和制造工艺的重要性，从而对品牌产品产生信任。

文案开头先告诉人们市面上很多品牌的生产都不达标，并且会对人体健康有负面影响，正当读者可能会觉得文案内容危言耸听的时候，用一则权威的新闻报道打消读者的质疑，让读者很快接受文案抛出的观点，对纸巾的原料和制造工艺投入关注，而接下来的正文内容就能让读者详细了解自己品牌产品的高标准制作。

可以说本例的新闻内容与插入位置非常合适，同时，书写者还应注意以下几点。

◆ 新闻内容与文案观点要一致。

◆ 新闻带来的冲击性要大，否则新闻的效果就会大大削弱。

◆ 新闻插入的位置要仔细考虑，具体情况具体分析，可以在一开头抛出给读者以冲击，也可以在提出观点后继续为文案加码。

（2）用新闻做引子

文案书写难以开头的时候，用新闻做引子显得格外自然，读者也容易代入，毕竟大部分人每天都会接收一定的新闻资讯。如下例所示为清幽护理品牌通过一则热门新闻展开有关智齿的科普文案。

**实例范本｜××护理品牌科普文案开头**

前段时间，一位四川三甲医院口腔科医师发布在社交账号的视频火了！短短14秒的视频，提出了一个灵魂拷问："你的智齿是什么段位？"按照不同的诊疗服务，该视频将智齿划分出青铜、白银、黄金、铂金、钻石、星耀以及最强王者共七个段位，成功将"智齿"也送进了当下爆火的"刺客联盟"！

文案开头便用自带热度的新闻引出读者对智齿的兴趣，有趣而富有新意的"智齿段位"一下就抓住了读者的心，下文便顺理成章地开始叙述智齿科普知识。

扫码做习题

扫码看答案

# 第3章　文案正文与结尾的书写

　　进入文案正文的书写后，主体部分的结构安排和结束后的收尾工作，就更加考验书写者的能力了。不过，只要掌握基本的写作技巧，大部分问题都能够迎刃而解。

文案"总分总"，主题更明确

层层递进更加引人入胜

抛出疑问让读者探究

直白表达读者获益之处

对话式写法让文案无比流畅

扫码获取本章课件

# 3.1 正文书写应有章法

进入文案正文的书写，难度便陡然增加，书写者的表达技巧决定了读者愿意停留的时长。越是长篇书写，越要注重书写技巧，既要完整表达核心内容，又要提高可读性，本节将对利用率高的正文写作技巧进行介绍。

## 3.1.1 文案"总分总"，主题更明确

"总分总"是阅读和写作过程中解析文章的一种结构方式。开头提出论点（开门见山），中间若干分论点，结尾总括论点（或重申论点，或总结引申）。几个分论点之间可以是并列关系、层递关系、对比关系等，但不能是包含关系或交叉关系。"总分总"的写作结构简单、逻辑性强，在文案内容偏多的时候是首选，公司各种文案的写作都有可能用到。

### （1）促销活动

大型或长期促销活动，会提供很多不同的优惠方案，为了不让读者对优惠信息产生混乱，书写者需要在编写文案时介绍清楚活动的背景或原因，再对各种优惠方案进行罗列，注意各种信息不要交叉。具体来看下面的实例。

**实例范本｜××品牌8月促销活动文案**

8月京东会员日如期而至，小蓝这次为各位小主带来了一拨宠爱新招，准备接招吧！

◆ 宠爱不设限

只要关注我，你就是我的人了。这次小蓝不仅为会员准备了优惠，还为店铺粉丝准备了惊喜大礼，积分兑换5元优惠券，绑卡开会员送15元优惠券，店铺粉丝送50元、100元优惠券。

◆ 0元领取产品

会员日当天，开放0元产品试用通道，做我的产品体验官，新品油污克星免费领取试用，真的很香。

◆ 会员专享优惠价

对上暗号，只要你是我的蓝家会员，我就会悄悄地给你打折哦。卫诺洁厕液会员到手价28.8元，只有蓝家会员才有，不要告诉别人（嘘！）

◆　积分当钱花

记住哦～积分是我和你之间的专属兑换码，可以和我交换你想要的东西。

◆　互动游戏赢惊喜

开启惊喜轮盘，下一秒指针可能就停在你想要的奖品上，还有夏日福袋、转发分享赢积分，和我一起互动游戏，多重惊喜等着你。

8 月的福利惊喜这么多，你看我还有机会吗？快来加入我们吧！

该促销文案主要对各优惠项目进行介绍，结构为"总分总"。

首先文案在开头对本次促销活动进行大致的介绍，简单说明活动名称为"8 月京东会员日"，给出了本次优惠的关键信息为"会员"，接着直接表示将提供各种福利，吸引读者的注意力。

其次依次解释各种优惠活动，共有 5 项，按顺序书写，确保每项内容都书写清楚。

最后通过一小段结尾，总结全文，并暗示读者优惠多多，邀请读者参与本次促销活动。

全文有始有终，虽然是促销活动的介绍，但行文逻辑清楚，而且并不显得累赘。开头、结尾所占篇幅不多，只作必要的介绍并起承上启下作用，将重点放在具体的优惠项目上，不同的项目分开介绍，依次行文，因而阅读流畅性强。

## （2）科普服务

科普文案的内容"干货"较多，服务性强，是企业为了受众更好地了解及使用产品而编写的补充型文案。很多科普文案书写的知识内容是成体系的，若要通俗易懂地呈现，需要厘清各知识点的关联，更有逻辑性地书写，所以使用"总分总"结构也就是自然而然的选择了。具体如下面的实例所示。

**实例范本｜××品牌夏日科普文案**

暑气蔓延，爱意流动，随着炎炎夏日到来，温度逐渐升高，巧克力也越发"娇贵"起来，极易受温度影响而出现口味偏差。那么，夏天怎样才能尽情享用××呢？这份小 TIPS 请速速收好，这个夏天，让我实现××自由！

◆ 选购正品正品正品，重要的话说三遍。

无论是线上还是线下，请通过官方授权渠道选购费列罗产品。在购买预包装食品时务必留意产品包装上的产品信息是否完整以及产品的储藏条件。

在赏味期内品尝是对巧克力的尊重。认真阅读××各品牌产品包装上所标注的保质期及最佳食用期限：

××PRALINE 系列，建议在 15 天内食用，以保持新鲜口感哦！

××KINDER 系列，拆封后请尽快食用哦！

能多益榛果可可酱，拆封后请尽快食用哦！

酷暑盛夏中，请尽量将 ×× 产品放在密封容器中，置于阴凉干燥处存放（18～22℃），避免阳光直射，可最大程度保持产品的新鲜口感。

◆ 巧克力放冰箱？那就真的凉凉了。

不建议放冰箱存储哦！

1. 冰箱的冷藏室温度一般为 0～8℃，如果将巧克力直接保存在冰箱中，除了容易与其他食物发生串味，也会导致巧克力变硬。

2. 冰箱里湿度大，×× 的很多产品含有华夫成分，会吸收空气中的水分而膨胀，导致外层巧克力裂开，除了影响美观，也影响松脆的口感。此外湿度也会促进细菌繁殖，影响产品品质。

3. 巧克力在较高温度下，其中的部分可可脂会融化并渗到巧克力表面。当把巧克力放进冰箱后，油脂在巧克力表面重新结晶，会形成较大的晶体，并呈现出一层白霜。这种"可可脂析出"现象对巧克力的外观和口感有一定影响。

以上小 TIPS，你都记住了吗～这个夏天，依然要将甜蜜延续，希望所有爱着 ×× 品牌的小伙伴，都能在夏日吃到口感新鲜的 ××。

该文案是品牌的科普文案，全文可分为 3 个部分。开头为主题内容做铺垫，从夏日气温升高过渡到温度对巧克力的影响，进而自然引出夏日保存巧克力的"TIPS"。

结尾则简单做一些宣传的必要表述，如"希望所有爱着 ×× 品牌的小伙伴，都能在夏日吃到口感新鲜的 ××"。

中间部分是整篇文案的重中之重，分为两个方面：

◆　保存巧克力应该做些什么？

◆　保存巧克力不该做什么？

这两个方面的内容是相反的，一前一后书写能增强行文的逻辑性和流畅性，即使文案内容较多，也不会让人有混乱之感，阅读下来让人轻松获得文案的要点信息。

## （3）介绍说明

介绍说明文案不是宣传性质，而是主要向大众传递品牌的各种信息，包括经营活动、经营理念、企业发展、企业文化等，这类文案的书写一般都是"总分总"结构，方便书写者厘清繁复的内容。具体来看下面的实例。

**实例范本｜××品牌装配理念说明文案**

装修工期长、建筑废料多，入住后杂物多，收纳难……在日常生活中，每个家庭都可能遇到过这些问题。2021 KBC 展会上，松下给出了全新的解决方案——装配式空间。从卫浴到阳台，从衣物收纳到家居整装，通过展示不同类型的装配式空间，开启定制化生活。

◆　整体卫浴空间——定制舒适生活

面对国内卫生间入口高低差很大、尺寸大小不一、外观材料需求各异等现状，松下提出卫浴空间整体定制解决方案，希望能以卫浴空间制造商的身份进入市场，并不断扩展业务。

在 KBC 展会上，松下发布了 2 款整体卫浴产品——和悦空间单元和健康空间单元。这两款卫浴产品是松下与拥有整体卫浴原创技术和制造能力的维石住工合作而成，整体卫浴可根据用户家庭尺寸进行定制，多产品集成提供，具有防水、防霉、实用性佳的优势。此外，离地高度最低可控制在 10cm 左右，解决行业痛点。

◆　装配式阳台空间——打造梦想天地

……

◆　i-shelf 衣物收纳——人人都是"收纳师"

……

面对市场的广阔前景，松下强调用户的个性化需求，提出"装配式"概念，以局部空间的提案带动整装事业的发展，结合旗下优质产品和技术，向用户提供省时、省力、省心、高品质的一体化解决方案。今后，松下将加速布局整装市场，推进产品和技术的迭代升级，通过更多的产品组合，为每位消费者提供定制化的美好居家生活。

该文案是品牌对自身理念的推广说明文案，全文内容较多，这里有所省略。为了让读者了解并接收到关键信息，书写者在编写时一定要注意结构的划分，篇幅越大，结构越要清楚，否则只会掩盖掉核心内容。

该例同样是"总分总"结构，开头直击受众痛点后给出品牌的解决方案"装配式空间"，简单介绍装配空间的运用场所，让读者有一个大概的认知。

然后分出 3 个小标题介绍"装配式空间"的概念，包括整体卫浴、装配式阳台及 i-shelf 衣物收纳，带总结性的小标题能帮助读者进一步理解主题概念。随后再延伸小标题的概念内容，让读者更深入地认识品牌理念。整体行文既结构分明，又循序渐进。

结尾处再次强调"装配式"概念，这也给书写者提供了一个推广思路，无论是推广产品还是概念，最好能将关键字词反复在文中提起，可加深读者的印象，达到推广目的。

### 3.1.2　层层递进更加引人入胜

比"总分总"结构更复杂一点的是递进结构，文案的论点或要点之间的关系逐渐递进，一层一层往下表达清楚主题内容，逻辑性更强，需要书写者事先想好写作顺序，环环相扣。采用递进结构书写文案有 3 种常见思路。

◆　由表及里、从现象到本质深入剖析主题内容，以期读者能了解更多、更丰富的信息。

◆　全方位解释说明，使读者知悉前因后果，可以套用写作公式：是什么→为什么→怎么做。

◆　写作应遵循事件发展规律及其内在逻辑。

下面通过几个不同的案例，让书写者对递进书写有更细微的了解。

（1）深入剖析

很多时候大众对企业和企业各项产品及活动都是只知其一不知其二，可能大致了解有什么产品、有哪些活动，更多的信息就不清楚了。因此，在写推广文案介绍企业时，编写者可先提出一个大的概念，然后对此深入剖析。如介绍产品时不从其外观、功能、成分入手，而以生产视角进行写作。

下面的文案，对企业的环保计划作出说明，内容较多、篇幅较大，书写者是如何深入剖析的呢？

**实例范本┃××品牌环保计划文案**

有一颗碳基生物所生存的蓝色星球，正在被一股"黑暗力量"笼罩。能打败黑暗解救蓝色星球的，是一个叫作绿"智造"创未来的星球拯救计划。救援分秒必争，现在就来看看松下小分队的具体行动计划。

1.我们在2050年的愿景

让大家过"更好的生活"，让"地球环境可持续发展"，是松下一直为之努力的事，我们通过有效活用资源、建设零 $CO_2$ 排放工厂，努力为大家提供环保智能的生活空间，贡献环保智能交通运输事业及可持续社区建设。面向2050年，力争实现3亿吨以上的 $CO_2$ 减排影响力，约为目前全球 $CO_2$ 总排放量的1%。

2.我们为达成愿景作出的努力

......

3.四个可视化目标

......

4.直观的数字增长的背后离不开产品和技术的助力加持

......

5.我们近期的成绩单

......

6.我们完成这些计划的原动力是什么？

......

松下为了环保，实施了各种计划，上文对其中一项计划进行介绍，这里隐去了不少内容，只对核心内容进行展示。

可以看到，全文结构清晰，开头部分分两层书写：第一层表达地球环境正在遭到迫害，十分紧急；第二层表达救援刻不容缓，松下提出了一个非常有效的救援计划。

接着开始对整个救援计划进行说明，从整体到细节，一点点展开：

①先介绍该计划要达到的愿景，接下来是为达到目标所做的努力。

②为了让读者深入了解计划内容，有了总的愿景还不够，需分为4个可视化目标，让计划目标更直观。

③接着表明这些目标的达成离不开松下的技术与产品，自然地体现品牌的重要性。

④由远及近，介绍企业已经取得的成绩，让读者看到计划循序渐进地完成，对总的愿景更有信心。

⑤说明计划原动力，既是全文的核心，也是品牌的重要经营理念。

可以说该文案既是由宏观到微观，也是由现象到本质进行书写的。其实对于计划这样的文案内容，书写者可按以下两种结构书写。

◆ 由远到近，或由近到远。

◆ 由大到小，或由小到大。

### （2）发展规律

一个品牌或企业的发展介绍最适合采用层层递进的写法，因为企业的发展本身就具有脉络，书写者可按创始—发展—起伏—壮大—特殊事件这样的行文逻辑进行文案书写。

**实例范本｜××品牌发展介绍**

一、费列罗故事

1946年，费列罗的故事始于意大利皮埃蒙特地区的阿尔巴小镇。如今，费列罗合并后的营业额超过100亿欧元，跻身糖果行业市场领导者行列，也是巧克力糖果市场上的第三大全球集团。

费列罗集团如今在 55 个国家和地区拥有超过 40 000 名员工，在全球范围内拥有 22 家生产工厂，其中有 3 家属于在非洲和亚洲开展的米凯利·费列罗企业项目。

2015 年初，费列罗集团还建立了费列罗榛子公司，且这家子公司下辖还有 6 家农业公司和 8 家制造工厂。

二、社会责任

除了致力于品牌产品的建设，费列罗也一直在其灵魂中牢记社会责任。费列罗的成功要素包括：产品新鲜和高品质，精心选择上等原材料，可持续农业实践与持续研究创新。

费列罗继续对业务所在的当地社区进行投资，而这要归功于费列罗基金会、米凯利·费列罗企业项目和"健达快乐运动"。

三、费列罗中国

随着 20 世纪 80 年代费列罗进入中国市场，费列罗与中国消费者的渊源由此开启。

2007 年，费列罗中国公司成立，进一步加大对中国市场的投入，先后为中国消费者带来了多个享誉全球的品牌和产品。

2009 年，费列罗将"健达快乐运动"企业社会责任项目引入中国，让"快乐运动"的理念惠及更多国内少年儿童。

2015 年，费列罗首个在华工厂在杭州正式建立并投产，为中国乃至亚洲的消费者提供更高新鲜度的高品质巧克力糖果产品。

如今，费列罗已成功在中国巧克力糖果行业建立了领袖地位，获得了极高的品牌知名度和美誉度。

该文案是向中国消费者介绍费列罗这个品牌的，全文没有开头和结尾，直接进入主题内容，共分为 3 个部分。

第一个部分对费列罗这个企业的基本情况进行介绍。

第二个部分强调费列罗的社会责任，让消费者看到企业的社会责任心。

第三个部分着重介绍企业在中国的经营发展情况，强调地域性。

以基本情况—社会责任—中国发展为脉络，循序渐进地展开说明，让中国消费者对应该知道的品牌信息有初步的印象。

不仅是主线脉络，文中的支线脉络也清晰有条理。在第一个部分，书写者按"始于一如今"概括费列罗的发展，重点介绍品牌如今的成就，包括营业额、市场地位、总员工及工厂数量等。

而第三个部分则以年份为线索，从第一家中国公司开始，按重要事件年份依次书写，分别是 2007 年、2009 年、2015 年、如今，有时间为线，所有信息一目了然。

### （3）解释说明

越是复杂、越是晦涩的内容，越要有条理性地说明，企业若是需要向大众传播一些专业性较强的概念或信息，应以"把事情讲清楚"为首要目标。具体来看下面的实例。

**实例范本｜××品牌系统推广文案**

一、潘塔纳尔是什么

潘塔纳尔是面向万物互融，以人为中心的智慧跨端系统。

对于用户来说：潘塔纳尔打破了设备与系统的限制，将不同品牌的不同设备真正连接起来，更好地理解你的需求，实现服务随人流转。

对于开发者来说：潘塔纳尔打通了多系统，让开发者们实现极简开发和多端部署。从而提高效率，降低成本。

对于生态来说：潘塔纳尔将赋能助力生态伙伴提升服务体验和竞争力；为生态伙伴精准触达目标用户，提升用户服务效率。

二、潘塔纳尔核心特征

融合计算。端云资源融合，无缝跨端协同。

泛在服务。情境感知交互，服务随人流转。

可信开放。极简开发部署，安全隐私保护。

三、潘塔纳尔能做什么

基于不同场景化服务的开放能力，潘塔纳尔能做的事情有很多，举例来说：

智慧车空间。在车空间里实现灵活的跨端协同和服务流转，靠近车自动解锁；手机感知目的地，上车后导航建议；手机虚拟化调用车载摄像头实现 AR 导航；车机接续手机视频通话，一键后排加入……

一站式出行。连贯自然的服务体验，适用于多种用户情境，在每个重要时刻推荐最合适的服务，前往机场一键预约乘车，落地以后一步叫车；登机口信息变更时，自动同步变更信息至手表或耳机，让通勤差旅出行无忧。

无界协同办公。同账号设备无感连接，数据在不同设备间自由流转，手机上滑即可传送到平板上接力工作；笔记本可以远程访问平板上的文档，跨设备无缝协作办公。

跨端回忆相册。跨端调用设备算力与算法，多设备高速并行计算，智能调用手机、相机、无人机、车机、平板等多设备算力，只需一键就能生成多设备拍摄的高光时刻精彩大片，实现多设备高效协同计算。

多端安全守护。面向未来设备，具备跨端联动的延展性，当手表感知到老年人不慎跌倒，将联动机器狗的视频通话，把更详细的现场情况、体征数据发送给家人，给独居老人带来更具安全性的守护。

四、潘塔纳尔开放能力

在潘塔纳尔 1.0，共有 7 大核心能力将陆续上线，让开发者快速接入潘塔纳尔系统。

五、潘塔纳尔白皮书 1.0

我们联合首批合作伙伴一起发布《潘塔纳尔系统白皮书 1.0》。包含潘塔纳尔完整的技术框架、能力、典型的场景应用，以及我们对打造智慧跨端体验的一些思考。完整的白皮书已经在 OPPO 开放平台上架，欢迎开发者们下载获取更详细的信息。

该文案对"潘塔纳尔系统"进行介绍，通过大众对"潘塔纳尔系统"更全面的了解，可有效提高品牌销量。由于该文案没有主题，只有主体对象，因此本例全文以主体对象为基础展开解释说明。

- 是什么。

- 核心特征。

- 能做什么。

- 开放能力。

◆  潘塔纳尔白皮书 1.0。

以上 5 项从不同方面解释主体对象：前 3 项为基础介绍，即通过这些内容能让读者大致了解"潘塔纳尔系统"；第 4 项为进阶内容；第 5 项为补充内容。

以"基础—进阶—补充"的行文逻辑来解释主体对象，可以说是非常严谨，疏漏相对较少，书写者可参考利用。

### 3.1.3　抛出疑问让读者探究

用问句来展现平铺直叙的正文内容，能够为书写者提供不一样的思路与视角，有助于厘清写作内容，受众也会比较清晰地看到写作思路与核心内容，同时加强互动感。以下通过几个案例来展示问句的主要用法。

### （1）向读者提问

这种问句的用法主要是增强互动、引起共鸣，一般采用第二人称书写，就像与受众对话一样。这种句式有无形的吸引力，让对方好像不得不回答、思考。如下所示是麦子和麦 oatoat 七夕特别企划文案的部分内容。

**你和 ta 之间有哪些充满爱意又关乎食物的故事？**

**在七夕来临之际，麦子收到了朋友们的分享，在这些动人的日常点滴里，既有天南海北的美味，也有酸甜苦辣的爱情。**

由于是七夕特别企划，因此文案主题将爱情与美食串联在一起，传递治愈又感人的小故事，打动读者的同时宣传产品。为了增强互动，用简单的一个问句引出其他内容，引发读者沉思，在特殊的日子里尤其能让读者产生共鸣，并慢慢体味。

### （2）展开解释

无论是宣传科普，还是发布活动内容，或是对公司重大事件进行介绍，书写者都可以用问句展开解释，将事情讲清楚。问句既可以做提示语又可以做小标题，轻轻松松将文案分为几个部分，还可根据主题内容，随意增加或删减。用问句解释主题或主体内容，有以下 4 种常见问法。

◆  什么是……？

◆  为什么……？

◆ 如何……？

◆ ……怎么办？

下面通过实例详细了解这种写作方式。

**实例范本｜××"玩机技巧"科普文案**

什么是"烧屏"？

手机屏幕长时间停留在某个静止画面（特别是极个别高对比度画面），切换到其他画面时，仍然能看到原来画面的残影，且残影不会消失，这种现象叫作"烧屏"。

为什么会出现"烧屏"现象？

OLED 屏是通过一个个极小的"灯"发光来显示屏幕内容，这些小灯是有使用寿命的。类似于家里的灯泡，用久了会变暗。

如何查看手机屏幕类型？

微信搜索"OPPO 服务"小程序，点击"在线客服"，输入"手机型号＋屏幕"，即可查看显示屏材质（AMOLED 为 OLED 的一个分支）。

如何尽量避免"烧屏"？

一句话，避免让手机长时间以较大亮度显示同一静态图像。

手机屏幕出现了"残影"或"烙印"怎么办？

如果静置或切换到其他画面一段时间后残影会消失，则不会对手机造成影响，请您放心使用。若残影一直无法消失且已影响您的正常使用，建议您前往 OPPO 官方服务中心，由专业的工程师为您检测维修。

全文主要内容分为 5 个部分，分别是：

◆ 什么是"烧屏"？

◆ 为什么会出现"烧屏"现象？

◆ 如何查看手机屏幕类型？

◆ 如何尽量避免"烧屏"？

◆ 手机屏幕出现了"残影"或"烙印"怎么办？

其实该文案是篇科普文案，算是企业售后服务的一种，目的是为客户解决手机使用的常见问题。对于手机"烧屏"问题，书写者通过定义、发生背景、如何避免、解决方式等几个要点来做阐述，每个问题都正中靶心，是受众应该知道并且产生疑虑的关键点。

除了进行科普，这种书写方式还可用于介绍企业各项经营活动。下面的实例为OPPO品牌特别促销活动的文案。

**实例范本 | ××品牌"电池一口价"活动文案**

什么是电池一口价？

2022年8月1日—12月31日，OPPO&一加手机，全系列机型享一口价换电池服务，电池换新仅需59元起！

为什么选择电池一口价？

官方正品保障。所有电池均为OPPO原厂原装电池，品质保证，性能可靠，更换后的电池也可享180天质保。

价格实惠透明。电池一口价为更换电池所需所有费用，维修过程中无其他任何隐形费用，最低仅需59元即可更换。

过程可控放心。线上线下均可直接看到维修过程，安全放心。

如何参与电池一口价？

预约附近门店参与。前往官方授权客户服务体验中心，享专业工程师现场服务，还可顺便清洁保养。

寄修服务。双向免邮，隐私有保障，维修可视化安全放心。

同城取送。双程上门取送，4小时内快速交付。

该促销活动名称为"电池一口价"，是OPPO推出的换电池活动，全文从3个方面向大众说明活动内容。

◆ 什么是电池一口价？

◆ 为什么选择电池一口价？

◆ 如何参与电池一口价？

第一个问题是活动的基本内容介绍，对时间、发起方、参与机型及换新价做简单介绍，读到此处，读者就能明白活动究竟是怎么一回事儿了。

第二个问题则告诉受众参与活动的原因，即活动的好处，如正品保障、价格实惠、过程可控等。

让受众产生兴趣后，紧接着第三个问题便告诉受众参与方式，提供了 3 种方式，让受众体验到人性化的服务水平。

阅读完此文案后，还有谁会不心动吗？

### （3）代替受众提问

偶尔更换视角，书写者把自己当作受众进行提问，然后以企业视角进行回答，双视角的文案能真正打入受众群体中，了解对方所思所想，让对方倍感贴心，对品牌有所认可。具体来看下面的实例。

**实例范本 | ××"有问必答"服务文案**

问题一：为什么双时钟设置同时区两个城市却不显示双时钟？

由于同一时区设置两个城市会显示两个相同的时间，双时钟信息重复率高，所以时钟（12.0.8 ~ 12.0.52 之外的版本）改回原有双时钟逻辑，只有设置两个不同时区的城市才会显示两个时钟插件，设置同一时区的两个城市只会显示一个时钟插件。若咱们想查看不同城市天气，后续会提供天气卡片选择不同城市的功能哦～

问题二：我买了将近一年的 OPPO Reno6 Pro 手机，用原装充电器充电的时候会出现电流声是为什么呀？

因充电器 / 移动电源是通过高频的电磁场进行能量转换及电压调整，在工作时内部器件会存在受力，产生轻微的振动，振动就会带来声音，一般在夜深人静时才能听到，其他时间段是听不到异响的，还请您放心使用。

问题三：为什么我的手机 ColorOS 12 升级公测预约申请没有通过审核？我朋友 40 分就通过了，我的 60 分却通过不了，筛选的规则是什么？

抱抱崽崽，揉揉小脑袋。由于此次是升级公测招募，版本稳定性、兼容性等尚欠佳，因此我们进行了限量发布。通过对报名答题得分高低、报名时间先后、测试经验等综合排名后筛选了部分用户参加升级公测活动。待收集了测试用户的反馈和意见，并对版本进行优化和完善后，我们将逐步扩大开放名额，请您等待该机型后续的开放进展，感谢您的理解和支持。

该文案比较特别的一点是没有核心主题，主要向受众说明手机使用过程中遇到的各种问题，如双时钟设置问题、电流声问题和预约申请问题。各个问题没有关联，因此，用问句开头分开书写更加合适。

具体看其问题的写法，能发现与众不同之处，全文是第一人称书写的，方便受众自我代入。而且问题的条件叙述详细，如问题二的条件有"近一年""OPPO Reno6 Pro""原装充电器"，这使得问题指向更加精准，文案内容更加实用。

（4）功能说明

很多企业在推广新产品的时候，对产品功能的介绍过于直白，如去污能力强、空间占用小、具备人工智能系统……描述虽然详细，但阅读起来无味，很难调动读者的积极性。若是以问句代替，抛出受众想要解决的问题，再顺势推出对应产品，更能击中受众"痛点"。如下面的苏泊尔集成灶宣传文案。

**实例范本 | ××品牌集成灶宣传文案**

苏泊尔集成灶 MQ55，一体集成多功能，"烟灶＋蒸烤炖炸"一部到位，厨房让人头疼的 3 大常见问题迎刃而解，无论是刚刚装修还是厨房翻新，一台集成灶，就能升级厨房烹饪体验！

问题 1：厨房小，装不下新装备？

不到 $1m^2$ 实现蒸烤炖炸自由——蒸烤炖炸样样都是心头好，但是厨房空间不大，越买越多的厨电，操作台已经放不下了……苏泊尔集成灶集远红外蒸烤炖炸于一体，占地不到 $1m^2$，做花样美食，不被空间限制！

问题 2：油烟大，爱爆炒也爱干净？

双翼速吸，油烟不过鼻——中式美食少不了地道"烟火味"，如果爱爆炒又想要开放式厨房，该如何两全？苏泊尔集成灶配备双翼吸风口，$20m^3/min$ 澎湃吸力，1 分钟内，可将 6 ～ 8.3m 厨房面积的空气全部吸入，烟不过鼻，油不上墙，开放式厨房也能放心爆炒！

问题 3：清洁烦，烟机拆洗太麻烦？

智旋干洗，自动清洗更省心——油烟机复杂的内腔，不拆洗就会藏污纳垢，使用时噪音越来越大，还让烟机寿命大大减短，每年的清洁大扫除，想想就累人。苏泊尔集成灶带有智旋干洗功能，不用加水和洗涤剂，烹饪后一键清洁内腔。

文案中提出了 3 大问题：厨房小怎么办？油烟大怎么办？清洁烦怎么办？都是选择集成灶需要重点考虑的问题，这些问题由品牌抛出，一是表明品牌想客户所想，二是表明这些都不成问题，是品牌产品的自信。

这里的问题不是为了与受众互动，也不是提供解决方式，而是侧面引出产品的功能和特征。因此，问题的编写应该从以下 3 个方面入手。

- 同类产品的缺点。
- 本产品的优点。
- 长期困扰客户的因素。

### 3.1.4 直白表达读者获益之处

很多时候企业的文案之所以不能走进受众心里，都是因为表达不到位，永远像隔了一层薄纱，客户看不懂企业究竟要说什么，也不知道自己能收获什么。其实，若让受众直接看到能够得到的好处，其对文案主题的兴趣和认可度会大大提高。如何能做到这一点呢？主要有以下 3 种写法。

#### （1）功效先行

常规的书写顺序是先介绍文案主体，再介绍主体优势、特点或功效。或许书写者可以换一种方式，将文案主体可带来的好处写在前面，然后再慢慢告诉受众这是什么。具体如下面的实例所示。

**实例范本｜××品牌夏日特别企划文案**

人类的夏日情结，像要积攒所有的热在冬天取暖。光照使我们扫除情绪抑郁，促进钙质合成。但紫外线中的 UVB 和 UVA 是肌肤要时时提防的"夏日刺客"。追随光，直面光。

HFP"防晒即抗老"夏日特辑，积极防晒、做好清洁、及时补水是每日必修的防光老化三部曲。

43℃撑起一枚遮阳伞。无存在感和有效防护是一支好防晒应当具备的美德，物化结合高倍防晒，兼顾肤感和防护。SPF50+，PA+++美白"小白盾"，水乳般轻薄，加倍防晒黑，复配烟酰胺自然提亮不假白。

24℃启动肌肤自身节律。肌肤细胞能量在高温中急速损耗，足够温和的清洁是找回皮肤内部调节的第一步。黑钻卸妆膏，体验清爽 SPA 级卸妆，添加 5 重养肤成分温和呵护，无水自乳化体系一冲即净。

19℃肌肤贪凉少冰降燥。日晒伤害缓慢但持续，热量带走表皮水分，肌肤趋近脆弱，降温补水应当即刻进行。晒后救急很需要金盏花"安心水"，2 倍金盏花提取物温和呵护，轻拍湿敷，补水保湿、舒缓无负担。

品牌的夏日宣传企划，特别选出几款适合夏季的护肤品进行推广，相较于其他文案"产品名称—产品功效"的书写顺序，本实例先将产品的用处单独展示：

43℃撑起一枚遮阳伞

24℃启动肌肤自身节律

19℃肌肤贪凉少冰降燥

一共 3 款护肤品，功效分别为防晒、减负、降燥，然后才介绍产品是什么、产品的成分及产品的功效。这种反其道而行之的行文逻辑，就是要让读者一眼看到"我可以得到什么"或"我可以解决什么问题"，这样被点中需求的读者，对接下来的内容就更感兴趣了。

对于产品的功效介绍，书写者很巧妙地利用温度来进行区分，通过大众对温度的感知加深产品带来的感受。

### （2）对形容词进行解释

形容词是修饰名词的，在介绍企业及企业产品时有很多形容词可供利用，如快速、智能、天然、美味等，使用这些形容词可让被修饰主体具备吸引力。但这还远远不够，只有对形容词进一步解释，才能让主体的优势变得具体，真正让读者感受到可获得的好处以及带来的改变。

**实例范本｜××主厨料理机宣传文案**

如何只用 30 分钟就能吃上 2 菜 1 汤？苏泊尔小 C 主厨料理机，一机四盖，花样家常菜高效速烹，300+ 道"半小时家常菜组合"食谱持续更新中，有荤有素，不用盯火看管。好菜上桌不久等，30 分钟就开饭！

28 分钟。工作日晚餐吃饭不将就，简单一桌，抚慰一天劳累。2 菜 1 汤，半小时内出锅，道道对胃，好吃又快。

7min——秋葵炒山药。

15min——红烧排骨。

6min——酸汤黑鱼。

26min。减脂轻食也能丰富好吃，说起减脂轻食，只能想起水煮菜？让小 C 来，荤素均衡搭配，低脂美食也能这么丰盛！

6min——蒜蓉西蓝花。

20min 上蒸下煮——巴沙鱼蒸金针菇、豆腐杂蔬汤。

27min。有娃家庭，色香味一个都不能少，孩子吃饭，每次都要"开小灶"，如何做得又快又丰富，还能激发孩子食欲？小 C 上场，30 分钟出一桌，大人小孩都爱吃。

6min——什锦虾仁。

10min——芝士烤饭团。

11min——丝瓜蛤蜊汤。

38min。放纵周末，大餐如此简单。周末宅家，如何实现"躺平"和大餐兼顾？让小 C 代劳，不必在厨房挥汗如雨。

5min——蚝汁鲍鱼片。

15min——姜葱油盐肉蟹煲。

18min——水煮肉片。

为了有效推广产品，全文以"快速方便"为主题展示产品的优势，与常规写法不同的是，书写者并没有着重描写产品使用起来是如何快、如何方便，而是以 30 分钟的做饭时间为标准，让受众切身体验到产品的高效。

文案中还以"28min""26min""27min""38min"为参照，介绍了适宜的菜品，并且每个菜品的制作时间都在文中标明。受众不仅知道制作一道菜品的时间，同时还能了解主厨料理机可制作如此多的菜品。

用具体的分钟数来代替较为模糊的形容词"快速"，这让受众一秒就能理解快速的意义，看到产品对生活产生的具体影响。

### （3）优惠项目简单点

为了让读者快速看到并快速理解其能获得的好处，书写者可以简化优惠项目，最好用一个词语就能表达优惠的核心，这样由简单到具体的阅读方式，能给予读者更多阅动力。

**实例范本｜××会员日活动文案**

　　7月OPPO会员日又又又又又来啦！炎炎夏日，怎么能少得了出游狂欢？露营太热？游乐场人太多？不如一起来场清凉游园会！游玩时间7月16—18日，获得OPPO会员日限定·水上乐园通行证一张。快来看看属于盛夏的会员日，都有哪些惊喜吧！

　　免费。会员日期间，线下送修，免50元人工费。

　　0元。膜旧了，刮花了，会员日贴膜不要钱！全系列手机机型可免费贴原厂高清膜，还可免费升级、清洁保养。

　　8折。8折，即可购买保障服务。8折，即可兑换全新耳机、数据线，兑一样的东西，花更少的积分，还有这种好事？OPPO会员日，来就对了。8折，即可购买官方原装正版配件，不用双十一，不等618，会员日就能8折买配件，移动电源、耳机、手环，想买啥就买啥。

　　翻倍。积分翻倍，抵扣维修费。会员日期间积分可翻倍抵扣维修费，1000积分抵10元，2000积分抵20元，最高可抵扣20元！

　　9.9元起。9.9元起定制背膜，给你的手机换个不一样的皮肤！会员日期间多种款式背膜可选，9.9元让你的手机更有个性。实际背膜款式以OPPO官方授权服务体验中心库存为准，建议先电话咨询后再前往。

　　OPPO会员日有一系列优惠活动需要推广，为了让大众用最快的时间清楚不同的优惠项目，书写者以简短的词语来做文案正文的小标题，5个优惠项目分别是免费、0元、8折、翻倍、9.9元起，这些实实在在又易于理解的福利能带动受众的积极性。然后再对这5个小标题展开介绍，让受众进一步了解优惠内容。

## 3.1.5　对话式写法让文案无比流畅

　　对话式文案是一种全新的写法，在前一章有所介绍，正文书写中的运用也很常见。通过对话展现文案主题内容，读者的感受会非常轻松，不似阅读文章，而更像看故事书。对话内容往往简洁明了、浅显易懂，不会有什么长难句，读者很容易投入进去。如以下是 OPPO "不可能的维修挑战"活动的文案内容。

A：在干扰下维修手机，你能搞得定？？？

B：对于专业工程师，不叫事儿！！！

简单两句话就向大众传递了活动主题——维修手机，还激起了受众围观的兴趣，提高活动的可看性，然后再对活动基本信息进行展示，宣传效果大大提升。

其实只要设计好对话的情境，几乎所有内容都可以融入对话中，让读者不知不觉接收信息。来看下面的预售活动文案。

**实例范本｜××品牌三八节预售活动文案**

今天龙哥闲来无事找运营二蛋聊天，想打听一下 3·8 女神节的预售活动，结果，你猜怎么着？

龙哥：咳咳，咱们今年女神节有啥活动没？

二蛋：送神仙水和口红啊！！！

龙哥：今年这格局打开？

二蛋：格局打开！

龙哥：还有啥？让我替女神们问问～

二蛋：还有限定周边！卤蛋包包！超萌超 rua 超可爱 der!

龙哥：哇！哇！

卫龙的三八预售活动的主要亮点是"赠品"，为了让受众知悉，于是有了上面的对话。受众可代入"龙哥"视角，与企业产生对话，了解活动福利，即"神仙水和口红"，贴合妇女节主题，接着还推出了企业自己的周边产品——卤蛋包包。

短短几句话，要素齐备，还让受众有明显的参与感。如果不是以对话形式展现，文案内容很有可能是这样的：

三八节到了，卫龙的预售活动开始了，今年不一样了，预售就送神仙水和口红，还有限定周边卤蛋包包，快来参与预售吧！

这样的文案毫无特色，不够生动有趣，对受众的吸引度可以说是大打折扣。除了各种活动，用对话给受众科普知识，同样一目了然，如下所示为 OPPO 玩机技巧科普文案。

A："8G+256G"啥意思？

B：8G 是手机的运行内存，256G 是手机的存储空间。

A：这两个有什么不同呢？

......

为了向产品使用者科普运存和内存，文案中展开了一段对话，将话题引到文案主题上，然后再接着解释，无须开头铺垫，自然地进入主题，书写内容。

## 3.1.6　有情感才能打动更多人

情感营销一直是市场营销的常用方式，能从消费者的情感需要出发，让消费者获得情感上的满足，从而从心理上接受品牌及产品。编写文案若能以情动人，同样可大大提高内容的接受度。

不过以情动人也是需要技巧的，下面通过不同的方式和对应的实例做详细说明，书写者可借鉴参考。

### （1）情感的象征

要为文案赋予情感特征，最直接有效的办法之一就是找到情感象征，如康乃馨可象征母亲的爱，玻璃珠可体现童年的美好，过去的物件能将人拉入怀念的氛围中……将情感象征与主题联系起来，能轻而易举地激发读者内心的情感需求。

**实例范本**│××品牌葱油饼宣传文案

王记是啥？是上海一家不起眼的弄堂小店。也是上海葱油饼界的"顶流"，收割无数粉丝。

如何做一张让人念念不忘的老式葱油饼？王记的王师傅和理象国深有共识：一张好吃的葱油饼，是舍得放葱的。猪油香烘托着葱香，热乎乎拿到手里，再吃到嘴里，评价只有一个字：灵！

这是上海人对美食的至高赞美，约等于好吃＋用料赞＋值得买＋吃了很开心。美中不足的是，只能在街边排队，趁热吃，否则就会失去新出锅的酥脆口感，这一条"软肋"，也让好多老店面临频繁搬迁，或者传承难的问题。

这些宝贵的路边美食，我们希望能一代一代地流传下去。所以我们复刻技艺，格外舍得放葱，撒在薄厚适中的面饼上，烘烤后外皮酥脆，内里层层分明，还原出了能随时在家吃到的老上海葱油饼。

王记葱油饼是上海的名小吃，寄托了上海人太多的情感与回忆。该文案以"王记葱油饼"为主题，介绍该名小吃的美味以及经营的困难，前一秒让读者沉醉在温馨回忆中，后一秒又揪起读者的心，让读者看到美味消失的可能性。

接下来文案中顺理成章地表达传承的意愿，推出品牌的产品，看到这里，消费者还有什么理由不去下单呢？

### （2）收集真实故事

要打动读者，除了构思煽情的故事与句子外，还可以收集那些真实发生的日常故事，因为真实、日常，所以能冲击大众的内心。如图 3-1 所示为苏泊尔 28 周年的福利活动文案。

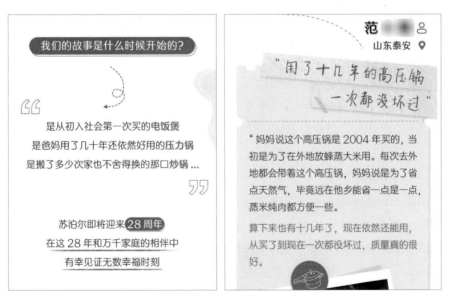

图 3-1　苏泊尔 28 周年福利活动文案

图 3-1 所示为活动文案的主体内容，开头通过一问一答渲染相依相伴、不离不弃的画面，与"28 周年"的主题十分契合。接着说明活动背景，表明苏泊尔 28 年来见证了千家万户的幸福时刻。

接下来就将不同城市、不同人群的幸福时刻一一展示，读者从这些故事中能够感受到美好的亲情与爱情。而苏泊尔品牌的产品是故事中的核心元素，这样便巧妙地将产品与美好的亲情与爱情联系在一起，读者能够感受到产品的独一无二。

### （3）节庆日，情更浓

相信大家都听过一句诗："独在异乡为异客，每逢佳节倍思亲。"中国的传统节日历史悠久，承载着中国人的情感与寄托，每当过节时，大家的情感总是更细腻、更浓稠。因此，节庆的推广文案可从"情"字入手，更易让大众接受品牌及产品。下面的实例为 chillmore 品牌春节文案。

**实例范本｜××品牌春节推广文案**

新年战衣准备买了吗，回家的心情收拾好了吗？即使现在的年味不如小时候，但我们也可以自己装扮起来，过年总是要来点红彤彤的热闹气息才对味。

◆ 年味是奶奶为你剥的那瓣橘子

每次给奶奶带东西，她准会唠叨：挣钱多不容易，过年也别乱花。我知道，嘴上说心疼钱，心里是心疼我。很多人都催促你快一点，只有家人会嘱咐：慢一点，不急。辛苦一年，怀念奶奶为你准备的好吃的，为你剥的那一瓣橘子，家人的味道最珍贵。

◆ 那些不能消失的大菜的味道

离你放假还有 20 天，家里的冰箱早就塞满了。"什么时候回家？"妈妈的问候早早就来。这一年不管有多忙，家里的团圆饭都会为你准备好。chillmore 的小伙伴们也是来自全国各地，年夜饭桌上不能缺少的味道五花八门。四川腊肠、八宝饭、扣肉、团年鱼，有没有你熟悉的味道？吃了整整一年外卖，心里想的全是妈妈烧的菜。

◆ 见面吧，和朋友一起捧杯

"五年级有次成绩考得差，是你帮我签字的还记得吗？"老友相聚，儿时的糗事总是谈论的焦点。假期不长，这一年和老家朋友相聚的时光更是屈指可数。但过年总要抽出一天留给老友们。长大了，如今的生活和工作与小时候有着很大的差别。但只要见面，我们仿佛就能回想起儿时的快乐。

◆ chillmore 的年味是新年继续陪伴你

忙碌一年，不知道你有没有为家人、朋友准备一份新年礼物呢？把爱的心思，用礼物来承载。还记得去年我们推出的遇茶礼盒和听雪礼盒吗？可以选择将这份茶歇的悠闲仪式感分享给他人哦。

春节期间每个人都有万千感悟在心头，或是思乡之情，或是对过去的思考，或是对未来的憧憬。chillmore 品牌以"年味"为主题，书写了最易触碰到读者内心深处的场景。

◆ 祖辈的无条件疼爱。

◆ 母亲的"大餐"。

◆ 老友的相聚。

通过这些内容的铺垫，接下来书写者就可以插入与品牌有关的内容了。文案中最巧妙的一点就是将品牌的继续陪伴放在一连串温馨场景之后，这给了读者一种暗示，品牌的陪伴如同亲人与朋友的陪伴，同样能带来美好的情感慰藉。

在一片温馨与亲切的文字背景中，品牌向读者推出旗下的礼盒产品，一点都不突兀，并且衔接十分自然，相信不少读者都会考虑购买产品赠送家人。

## （4）第一人称代入感超强

人们总是会对仿佛亲身经历的体验印象深刻，因此，要想打动读者，以第一人称的视角传递经验或感受是非常有效的，读者可跟随书写者的视角代入情景，切实体会文案内容，接收文案信息。如下面的实例所示。

**实例范本｜××品牌客服培训介绍文案**

Day 1

我是一名 OPPO Find 服务专家团的新人客服，这是我入职的第一天，在"新手村"等待我的是为期 3 个月的培训。

原来成为一名Find服务专家团的客服人员不是只要"接电话"就OK了，还有很多技能需要掌握。

......

Day 35

真正戴上耳机，开始接待用户那天，我紧张得手心疯狂出汗，说话也有些僵硬。

好在我的小伙伴们都很有意思，被愉快的气氛包围，紧张的感觉很快就烟消云散了。

......

Day 70

大年初二，到我值班，我接到了一个用户的请求。

几个小时后……我还没来得及回访用户，他就打过来说手机修好了，对我们连连道谢，表扬我们责任心强，也多亏了我背后强大的团队支持着我！

......

Day 88

这两个多月的培训，每一天都收获满满。

入职第一天，大家一起办了个欢迎会，大家都蛮好相处的，是我梦想中的工作氛围了！

培训的日子快要结束了，跟服务中心、寄修中心的小伙伴打交道也让我获益良多，每个圆满解决的问题背后都离不开OPPO同事们的倾力支持。

没想到最后一个星期是和部门负责人一起听课"倾听用户的声音"，在绿厂是必修课，连OPPO高管也没法儿"逃课"哪。

所有人都完成了专业培训的考核，我们毕业了！

戴上Find服务专家团的专属勋章，我正式成了Find服务专家团的一员，更多精彩正在等着我续写。

......

OPPO通过展示客服人员的培训过程，让大众看到企业高标准的服务态度，从侧面提升企业形象。全文用第一人称进行书写，把文案设计成日记的样式，每个读者都代入感极强，好像跟着对方一起走过了实习的过程。在了解企业培训项目的同时，感受到企业的人性化，自然会对企业产生好的印象。

## 3.1.7　真材实料让读者获取有用的知识

除了优惠信息，读者对"干货满满"的文案也非常感兴趣，它是很多读者通勤路上的小读物，读者可以从这类文案中学到有用的知识或技巧，提高生活的质量。编写者若是想要宣传企业或产品，在文中偶尔提及，或在文后简单介绍就行了。常见的类型有以下几种。

### （1）日常生活

从大众的衣、食、住、行出发，选择与品牌经营有关的内容进行科普，能够在大众的生活中找到存在感，刷新品牌"面孔"，日积月累，对企业一定是有益无害的。如下例所示为××品牌的科普文案。

**实例范本｜××品牌科普烘焙新趋势**

据美团点评《2019 烘焙白皮书》显示，年轻女性已经成为烘焙市场的绝对主力，77% 消费者是女性，其中 74.4% 的女性消费者为 35 岁以下。高颜值的健康烘焙产品深受这些女性消费者的喜爱，同时她们更喜欢去尝试各种新奇的产品，也愿意在社交平台分享和打卡。通过分析她们的消费需求，可总结四大关键点：爱尝鲜 25%，爱分享 55%，爱颜值 64%，爱健康 43%。

其中，健康正被越来越多的消费者放到选项前列，一味死甜的烘焙产品，其市场份额正被咸鲜类取代。这里的"健康"可具体体现在低糖、低脂、低盐和高蛋白。

低油、低糖、高蛋白的软欧包由于其绵密的口感和馅料的变化多端，正受到越来越多的爱尝鲜的消费者的追捧，而其馅料从甜到咸的发展变化亦可窥见如今烘焙市场的变化。下面将介绍两款别具一格的软欧包，它们都使用到了××的经典食材。

1. 白桃鸡胸软欧——流量水果食材＋荷美尔烟熏鸡胸

【馅料配方】

面团：高筋面粉 1000g、黄油 80g、糖 60g、盐 15g、酵母 15g、水 630g、种面 200g、白桃丁 ( 酒浸 )150g

白桃鸡胸肉内馅：荷美尔烟熏鸡胸 ( 手撕 )200g、白桃酱 50 g、白桃丁 ( 酒浸 )100g

【操作步骤】

（1）白桃干切成丁后倒入白兰地浸泡 24 小时。

（2）将高筋面粉、糖、酵母、盐、水、种面倒入打面机进行搅拌，慢速 5～6 分钟、快速 2 分钟，使面团上劲后加入黄油再次慢速 1 分钟、快速 1 分钟，使面团形成手套膜后加入酒浸白桃丁搅拌均匀即可。

（3）取出室温（26～28℃）发酵 1 小时使面团发酵至原面团的 2 倍大。

（4）将面团等分成 180g 的面团醒面 15 分钟。

（5）将烟熏鸡胸、白桃酱、酒浸白桃丁搅拌均匀。

（6）180g 面团包入 100g 白桃鸡胸馅，成型后进行最后的发酵。

（7）烤箱升温至下火 185℃、上火 220℃进行预热。

（8）将发酵好的面包放入烤箱，蒸汽 2 秒，烘烤时间 15～18 分钟。

……

文案先以烘焙市场的消费趋势为引子，推出低糖、低脂、低盐和高蛋白的烘焙食品——软欧包，然后向读者"奉献"了两款经典的软欧包食谱，对食谱的名称、馅料配方和操作步骤做详细介绍，侧面诱使受众对象"年轻女性"对制作软欧包产生兴趣，知道如何制作软欧包，并在 ×× 购买所需食材。

过渡语"下面将介绍两款别具一格的软欧包，它们都使用到了荷美尔的经典食材"承上启下，可谓点睛之笔，将科普内容巧妙地与品牌联系了起来。

（2）健康贴士

现代人的生活节奏快、各方面压力大，因此不少人都处于亚健康状态，对健康问题看得很重，各种健康小贴士很有市场，以健康为主题的科普文案也多了起来，吸引着大众的注意力。这给企业文案策划带来了灵感，从健康需要的角度出发推广产品或概念，能让大众普遍接受。

下面以口腔护理品牌清幽的科普文案为例，进行简单介绍。

**实例范本｜××品牌健康知识科普**

专家指出，诱发口腔溃疡的原因多样。如果发现自己没有"上火"症状，却反复出现口腔溃疡，而且吃清火药、补充维生素都不管用，就要警惕其他疾病。对于各种偏方，也需要认真考证哦！

求真相一：光吃蔬菜水果也会患口腔溃疡——正确

很多人认为口腔溃疡是"上火"引起的，于是习惯性地光吃清淡蔬菜、水果，定期补充维生素，其实这反而可能导致口腔溃疡。

清幽特约专家点评：饮食清淡不等于饮食均衡，营养素缺乏也可能引发口腔溃疡。体虚者较易出现蛋白质缺失，可适量摄入一些肉类食品，如猪肉、鱼肉、鸡肉等。然而，大部分口腔溃疡的发生与季节性食物有关，荔枝、鱼、蟹等燥热食物摄食过量也可能引发口腔溃疡，可通过饮用清补凉、胡萝卜甘蔗水缓解症状。

求真相二：将润喉片当糖吃会引发口腔溃疡——并无科学依据

润喉片中大多含有碘，可以对细菌起到灭杀和抑制作用。但是如果经常含食润喉片，尤其是在口腔没有炎症或者炎症并不明显的情况下，就会对口腔黏膜组织造成比较强烈的刺激，引发口腔溃疡等疾病或者加剧原本轻微的炎症。

清幽特约专家点评：过量含食润喉片与口腔溃疡的发生、加重无直接关联，却易使口腔处于糖分环境中，导致蛀牙。尽管润喉片的配料不会对口腔黏膜造成过多影响，也不会加重口腔溃疡的症状，但仍建议口腔溃疡者尽量少食润喉片等硬质食品，并主动减少进食次数与频率，以免因摩擦过度，使溃疡面增大。

……

远离口腔溃疡，这 3 件事要做好

导致口腔溃疡的原因有很多，除用药不当外，做好以下 3 个方面，能大大降低口腔溃疡的复发概率！

1. 规律的作息。预防口腔溃疡，规律的作息时间很重要！不规律、不合理的作息时间会给身体带来很多的问题，例如内分泌失调、免疫力低下等，这些问题都可能会增加口腔溃疡的发病概率。

2. 合理饮食。有部分人的口味非常重，喜欢重油、重盐、重辣的食物，但其实这类食物容易刺激我们的口腔黏膜，从而引起口腔溃疡。所以预防口腔溃疡，均衡合理的饮食是第一要素。口腔溃疡反复发作的人也可以多吃一些蔬菜、水果，补充维生素，但也不能抛弃肉类哦。

3. 注意不要让口腔黏膜破损。口腔溃疡反复发作的人要尽可能地避免口腔黏膜受外伤，比如烫伤或者硬物伤。有些人很喜欢吃特别烫的食物，喝特别烫的水，吃槟榔等，这些行为都会导致口腔黏膜的外伤，从而引起口腔溃疡。

除此之外，口腔溃疡反复发作的人还要注意口腔的清洁卫生，不使用添加有害化学成分的牙膏或者漱口水，以更好地呵护口腔黏膜，降低口腔溃疡复发的概率。

本文案主题是口腔溃疡科普，从诱发口腔溃疡的原因入手，介绍可行的预防方法，最后在文末推出品牌产品，提高受众购买的可能性，达到科普目的。

对诱发原因的介绍，书写者以常识性说法为引，引出自己的观点，可以是认同，可以是反对，都能起到传播知识的作用。如下所示：

光吃蔬菜水果也会患口腔溃疡——正确。

将润喉片当糖吃会引发口腔溃疡——并无科学依据。

对预防口腔溃疡的做法，书写者分 3 点书写，并对每点内容做了概括，帮助读者理解每条内容，阅读起来一目了然。

## （3）电子产品

科技的发展让人们的生活中充斥着电子产品，手机、平板、厨房电器、扫地机器人等，对这些产品的频繁使用使得每个人都有了解电子产品的需求。生产企业为了更好地宣传电子产品，会更加看重电子产品的相关科普，只有大众了解得越深才会越有购买的需要。下面的实例所示为OPPO 手机维修科普文案。

**实例范本 | ×× 手机维修服务科普文案**

第一招：寄修服务，双向免邮

住得远，交通不太方便，去服务中心要花近两小时，频频高温预警，真不想折腾。你可以一键预约寄修服务，开始摆"懒"！

第二招：同城取送，急速送修

"主子"肠胃病犯了，又赶上手机屏碎了……一键下单同城取送服务，4 小时内快速修好手机，这下你可以安心照顾"主子"了。

第三招：远程诊断，省心省力

嗯？手机信号怎么突然变弱了？不想顶着大太阳出门，你可以开启远程诊断，结果只要关机重启就能解决，不必东（白）奔（跑）西（一）走（趟）。

本文案主题是"不想出门怎么修手机"，配合夏季的高温天气，为了给受众提供人性化的服务，企业策划了该文案。

足不出户修手机一共有 3 种方式，书写者用"支招"的表达方式让文案显得年轻化，虽是科普文案，也不至于太过生硬死板。而具体的内容书写场景化十足，就像能看到画面一样，方便受众代入。

# 3.2　有始有终才是好文案

大多数文案编写者都更看重文案主题和正文，忽略了结尾的重要性。其实，丰富的内容和吸引人的主题如果没有一个好的结尾搭配，还是难以达到宣传推广目的的。什么叫好的结尾呢？应该满足以下几点其中之一。

**主题鲜明**。在结尾处可再次提及文案主题，让读者加深认识，潜移默化地影响读者，加深读者印象。

**言简意赅**。结尾书写要控制字数与篇幅，不能由着思绪写一大堆感想，这样会显得累赘，可以根据主题内容确定结尾内容，并用较少的篇幅呈现。

**念念不忘**。结尾最好能给读者"念念不忘，必有回响"的感觉，或是与读者互动，或是向读者发问，或是以情动人，让读者深受感染。

### 3.2.1　首尾呼应加深印象

首尾呼应能够突出主题，使全文结构圆合，若不知如何结尾，选用首尾呼应的方式是最保险的。一般有两种选择：一种是呼应标题，强调文案主题；另一种是呼应开头，更显结构严整。而呼应的内容与形式选择多多，常见的有以下几类。

#### （1）总结呼应

结尾本来就有总结全文的基本作用，无论是企业文案还是学生作文，利用结尾总结归纳，与开头呼应，是最常见的写法，这样让文章的结束显得不那么突然。如下所示为荷美尔夏日宣传文案。

**实例范本 ｜ ××品牌夏日产品宣传文案**

如果要用一个字概括今年的夏天，那一定是热热热热热，热热热热热～！烈日当前，暑气难消，食客们就餐时，对清凉消暑的食品偏爱有加！这个夏天，凉菜又卖爆啦！

据京东数据统计，今夏清凉解暑的食品整体销量同比增长超过40%！其中冷面、凉面、凉皮等凉菜成交额同比增长55%！

炎炎夏日，凉菜正当时！提到凉菜你还在做拍黄瓜、凉拌菜？没点新意哪能满足食客挑剔的胃？四季宝携四款清凉揽客菜谱！凉菜、凉面到清凉甜品全面覆盖！香滑细腻，快速出味！满满花生风味，引领凉菜新潮流，让你轻松拿捏食客！

……

有了这几道四季宝创意凉菜，好生意哪还用发愁？开胃先锋，一口消暑，让食客在夏天也能快乐干饭！

即日起至2022年9月5日23:59，在下方评论区分享你的家乡特色凉菜，点赞最高的5位厨师兄弟，即可获得价值33.6元的四季宝柔滑花生酱510g一瓶，让四季宝助你夏日凉菜增香有道！

品牌为宣传产品"四季宝"，以结合夏令时节的特殊天气为"痛点"，强调凉菜的可口，并推荐了4款创新凉菜，每道菜品都要用到"四季宝"。这样的宣传方案，自然、适宜、有针对性，将调料与菜品联系起来，又将菜品与时令联系起来，相得益彰。

文案开头先抒发夏天的炎热，"刺痛"受众，让受众产生共鸣，然后书写"凉菜"的受欢迎程度。

对 4 款创意凉菜分别介绍后，在结尾处简单总结，只需一句话就让内容结构变得完整，并再次点到主题内容"四季宝创意凉菜"。最后，邀请读者参与活动，从中可以看出本文案的受众对象是"厨师兄弟"。

## （2）抒发感想

到文案最后，书写一些豪言壮语或是细腻的感想，可在一定程度上影响读者的情绪，让读者对品牌有情感投射，这样从心理上更易接受，一般在讲品牌故事的时候会采取这种结尾方式。如下例的良品铺子 16 周年主题文案。

**实例范本｜××品牌 16 周年主题文案**

一方风土养一方风味，寻其源头，取其上品，以匠心制作，方能谓之"良品"。

2006 年，良品铺子创立之初，"品质第一"就已刻进了品牌基因："良心的品质、大家的铺子"是对匠心的坚守、对品质的苛求。

2019 年，良品铺子正式将企业战略聚焦到"高端零食"，坚持金字塔尖选好料，用好原料造就好味道，让生活与美味相伴。

8 月 28 日，"零食王国"良品铺子迎来 16 周年庆。十六年来，良品铺子奔赴山河湖海，为你带来各地风味！这次，邀请大家一起踏上良品铺子 16 周年寻味之旅，共同发现良品铺子背后的风味密码！

第一站·东北

露水河畔采松子，一千多天的时间去等待一次丰收。良品铺子"甄选官"来到了长白山的露水河畔，在这里，每棵原始红松都拥有专属"身份代码"。每年 10 月，白露前后，采松员攀爬上几十米高的红松，手工采摘最好的松塔，用汗水换取自然馈赠的美味；"三年一小收，五年一大收"，历经时间更迭，红松子饱满圆润，松香浓郁，粒粒皆是珍品。

　　……

十六年以来，良品铺子奔赴山河湖海，寻觅带回各地的食材，以品质初心追求各异的风味，用好原料、好味道为美味生活加分。这一路的寻味，也离不开大家的陪伴与支持！未来，良品铺子会继续坚守初心，给予大家更多的好风味。

在 16 周年的特殊日子向大众讲述品牌一路走来的历程，是非常贴切的文案内容了，开头便对品牌名称作出解释，然后按年份顺序对重要事件简单介绍，告诉大众这 16 年来企业一直致力于"寻味之旅"。

正文部分按照地域与食材划分了第一站、第二站、第三站……让大众看到品牌的坚持。全文气氛慢慢铺垫，到最后既呼应开头内容，又展开未来的愿景，让大众体会到品牌一路走来的温情、用心和细致，足够煽情，也足够打动人。

### （3）善意提醒

在产品宣传文案中，可适当加入提醒受众购买产品的内容，直接有效。如下例所示，在文案开头暗示受众可在开学期间入手一款苏泊尔儿童水杯，正文部分便展开介绍几款不同的儿童水杯，到了结尾，再次提醒受众选择苏泊尔儿童水杯。

在受到文字性的暗示时，读者的购买概率能够有效提升。而且首尾呼应和叠加，能让这种暗示效果加倍明显。

**实例范本** | ××儿童水杯宣传文案开头与结尾

【开头】

开！学！啦！家里的"神兽"终于要"归笼"了～宝爸宝妈常常担心孩子在外是否饮水充足。新学期新气象，入手一款苏泊尔儿童水杯，超高颜值，萌趣外表，抗菌防漏多重守护，让宝贝爱上喝水，活力开启新学期！

【结尾】

又是一年开学季，给宝贝换新文具的时候，别忘了选款宝贝喜欢的水杯～苏泊尔儿童水杯，开学必备伴侣，让宝贝自觉"吨吨吨"！

## 3.2.2　与读者互动增加好感度

企业面向大众发布文案，要么促销，要么提高品牌知名度和存在感。但要想大众认可品牌、接受品牌，必要的互动是不能少的，无论是举办各种活动，还是在文案结尾简单互动，都能让大众产生好感。常见的互动方式有以下一些，可作参考借鉴。

（1）有奖竞答

有奖竞答即鼓励读者参与文案主题活动，有机会获得品牌提供的奖品，如下面一些案例所示。

【案例 1】

手甲精华霜一口气上线 5 款香味，留言区分享你最期待哪一款。留言区抽取 5 位，送出香氛手甲精华霜一支（香味自选），截止时间：9 月 7 日下午 3 点。

【案例 2】

寒冷的冬天，你喜欢在你家冰箱里囤点什么呢？留言分享给我们，我们将随机抓取 5 位朋友，送上一份理象国冬囤四宝（里面有煎饺、小酥肉、鸡汤云吞、抄手各一份，其中抄手、小酥肉和煎饺的口味随机）。

【案例 3】

乐乐在文章中埋了一个彩蛋，哪个礼盒"有 350g 的全家福大月饼"？留言区留言，乐乐随机抽 10 个正确答案宝子吃椒麻火腿川皇酥 ×1+Q 心蛋黄川皇酥 ×1。

从上面的例子可以看出，有奖竞答的互动内容有以下几个特点。

◆ 问题与前文相关，围绕文案主题向读者提问，这样全文才有整体性。

◆ 说清楚参与方式，以便读者参与进来，如留言、转发、发送邮箱等。

◆ 别忘了写上礼品，是否有礼品决定了参与度的高低。

◆ 礼品要与文案主体一致，即企业促销的产品。

◆ 获奖条件说清楚，一般都是随机抽取几位互动人员。

◆ 提问类型丰富，书写者可具体问题具体思考，如案例 1 便是一个单选问题，读者从中 5 选 1 即可；而案例 2 是主观问题，读者可以天马行空地作答，没有标准答案；案例 3 有点类似考题，有固定答案，且答案就在文案中。

（2）提供服务

除了奖品之外，还有什么能够吸引读者互动呢？企业可为读者提供专业的、人性化的服务。如下例所示为美的烟灶安装的科普文案。

**实例范本｜×× 烟灶安装科普文案结尾**

……

吸油烟机、燃气灶和吊柜的这些安装小知识，你都 get 了吗？如果懒得记住那么多东西，可以上【美的服务】公众号预约师傅上门测量哟！召唤美的专业师傅上门，不只是吸油烟机和燃气灶，电热水器、洗碗机、集成灶等电器，师傅都可以帮你测量，完全不用你操心。

快码住这个超轻松的方法吧！

全文案对烟灶安装的顺序、安装位置的选择进行详细的说明，结尾处则顺势给出安装服务。比起掌握复杂的安装知识，读者当然会更偏向于方便又轻松的安装服务，而且只需要在公众号预约就能轻松搞定。

结尾内容虽然简洁，但写作思路清晰，先承上后启下，具体为：

吸油烟机、燃气灶和吊柜的这些安装小知识，你都 get 了吗？（概括前文）

如果懒得记住那么多东西，可以上【美的服务】公众号预约师傅上门测量哟！（提出新的选择）

召唤美的专业师傅上门，不只是吸油烟机和燃气灶，电热水器、洗碗机、集成灶等电器，师傅都可以帮你测量，完全不用你操心。（介绍服务特色与优势）

快码住这个超轻松的方法吧！（最后呼吁一下，全文结束）

（3）参与活动

很多企业会时不时举办线下的推广活动，增加品牌在同城的影响力，与受众更近距离地接触，在发布策划文案时也会在文末邀请读者参与线下活动，"媒体平台推广＋线下互动"，可有效提升企业知名度。如下例为麦子和麦 oatoat "国民早餐计划"的文案结尾。

8 月 19 日是本次快闪店的"VIP 开幕派对"，我们特别邀请 3 组坐标上海的家庭参加"快闪店开幕派对"。派对现场，小朋友们不仅能提前体验上述精彩活动，更有精美伴手礼赠送！

想参加开幕派对的爸爸妈妈们，在评论区留下你参与派对的期待，8 月 16 日麦子随机抽取 3 组家庭，送出派对门票！（仅限上海地区）

### （4）邀请关注

若是企业将文案发布在自媒体平台上，还可以邀请读者关注企业的自媒体账号，达到互动的目的，如下面的例子。

**【案例 1】**

目前 UV 双固化保护膜适用机型范围为 Find N（副屏）、Find X3 系列、Find X5 系列、一加 9Pro、一加 10Pro，我们将不断丰富适用机型范围，为您带来更贴心的服务。更多信息请持续关注我们的推送，谢谢您的理解和支持。

**【案例 2】**

更多爆款时令潮饮配方，尽在荷美尔专业餐饮，扫码联系大区经理解锁时令潮饮密码，四季宝专业实力助你抢占今夏新茶饮市场，提前锁定好生意。

## 3.2.3　转折式结尾让文案与众不同

在文案主题较为特殊的时候，比如，要配合近期的热点或配合节庆活动，书写者一时之间很难将主题与主体联系起来。这时转折式的结尾便能有效解决这个问题，一转画风也让读者意想不到，有惊喜之感。来看下面一个实例。

**实例范本｜××情人节香水促销文案**

**【正文】**

爱的奇迹其实往往在不经意间就降临到你身边，奇迹是准备给 TA 发消息，发现对方也正在输入；奇迹是手机响了，接听后发现是刚才想念的人。奇迹就是你喜欢的人恰好也喜欢你。

然而一句我爱你，有些人等了一小时，有些人等了一辈子。其实爱情何须等待？爱的奇迹也可以因你而来。

想要去爱一个人，多一天都不能等，现在把爱说出来。比如：

"我可以请你喝杯东西吗？ Coffee, tea, or me?"

"你换的新头像，和我钱包里这张一样欸。"

"你过来，我有个恋爱想和你谈一下。"

"喜欢你，比喜欢冬天的被窝还要多。"

"在有生之年能遇见你，已经花光我所有的运气。"

【结尾】

所有故事里的机缘巧合，其实都是命中注定，比如我们奇迹般地相遇。其实，全世界的情话都在你心里。点击【阅读原文】，和TA表达你的情意吧。不去冒险，又怎能触摸奇迹、拥有爱情？说不定，你的表白会被幸运地选中，被我们登上2月14日当天腾讯视频的手机开机画面，让世人见证你的心意。怕你的心意还不够明显？不如选奇迹香水让他送给你。

为了配合情人节进行宣传，文案以"爱的奇迹"作为主题，全文对"爱情奇迹"做文艺的叙述，为情人节铺垫诗意而浪漫的氛围，但在结尾处，却可以转折到香水产品上。

为了减弱转折的生硬感，更加自然地过渡，书写者要找到产品与节日主题的关联。如本例中香水名为"奇迹"，因此策划了文案主题"爱的奇迹"。全文案多处可以看到"奇迹"这个用词，结尾处将"奇迹的概念"替换为"奇迹的物品"也就没那么突兀了。

> **拓展贴士** *将结尾变成系列*
>
> 现在很多企业会策划系列文案，这样文案内容更显丰富，各项信息也更连贯，还能吊起读者的胃口，就像追番一样，期待下一篇文案的到来。系列文案的结尾往往用相同或相似的内容，要么是相同句式，要么有相同的词语，要么对下期文案进行预告，达到阅读体验的叠加，不断加深读者的印象。

扫码做习题

扫码看答案

# 第 4 章  文案图片与版式设计掌握

图片是文案书写中不可回避的重要元素，而版式能决定文案将如何呈现。因此，文案书写者必须懂得图片与版式设计的基本要领，这样才能让文案在基础表达上更加增色。

图文对应表达更生动
选择图片配色有讲究
借用图片直观传达内容
趣味图片提高文案接受度
利用好色彩增强表现力

扫码获取本章课件

# 4.1　插入图片为文案增色

可能很多文案书写者都将精力放在了文案的创作上，认为只要写出了创意十足的文案，自然能吸引大众，因而忽略了配图，或是随便配一张。其实那些知名品牌的文案配图是非常讲究的，图片可以表达文字不能表达的内容，带来完全不同的阅读体验。文案中的图片主要有以下 3 个作用。

- ◆ 根据文案风格或主题配上相应的图片，能有效渲染情绪、烘托气氛，增强文案表现力。

- ◆ 书写者即使妙笔生花，文字内容还是抽象的，不如图片表达得具体、详尽，图片可以弥补文字未尽的信息，让读者获取的信息更全面。

- ◆ 真实的摄影图片可以佐证文字内容，提高内容的真实性。

## 4.1.1　图文对应表达更生动

图文对应当然是文案配图最基本的要求了，但编写者还要注意，图片应帮助读者理解内容并为内容增色，若是任何内容都去配图，只会显得多余和意义不明。

如下例所示为某品牌香水宣传文案及配图。

"好一朵美丽的茉莉花，好一朵美丽的茉莉花，芬芳美丽满枝丫又香又白人人夸，让我来将你摘下，送给别人家"，唱起这首民谣，我仿佛闻到了茉莉花的香味。

春天过去，夏日已至，买一束茉莉花放在家里，芳香四溢，夏日的烦闷一扫而空。这款茉莉香能带给你同样的感受，采摘小花茉莉，是中国人记忆中的味道，香气纯净清幽，不惹凡尘，让你仿佛变身为林间的茉莉花仙。

新品上线，免费试香。

上例对一款"茉莉香"香水产品进行介绍，从民谣入手引出产品，用诗意的语言描绘茉莉的芳香，但配图毫无特色、毫不起眼。

虽然图中是茉莉花，与内容对应，但既不能凸显香味，也不能表达文字意境，这样的配图只能白白地占据篇幅。可见图文对应也需要满足一定的条件，才能发挥基本的作用。下面来看看统一飞刀削面817吃货节活动文案。

**实例范本｜××品牌吃货节活动文案**

和面。功夫和面，水面精研配比，精选优制小麦粉配比适当，成就劲道面身第一式。

揉面。力道揉面，慢工才出细活，反复推揉，由絮成团，感受面身筋度。

压延。九道压延工艺，聚力下压，使面身更有弹性与咀嚼性。

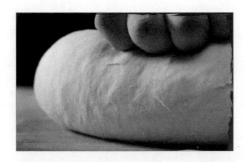

刀削。快刀削面，面条中厚边薄形似柳叶，煮食外滑内筋，软而不粘。

该文案为了展示刀削面的劲道，着重介绍了产品的制作过程，和面、揉面、压延及刀削，每一步都配上对应的图片，哪怕读者不阅读文字，也能对制作过程一目了然。对于这种技术性的操作过程，文字往往难以叙述清楚，不如加上图片，让读者的感受更加深刻。之后则对刀削面烹饪进行推荐。

香拌油泼面。香辣诱人，口口嚼香，精选新疆皱椒，热油急泼带来焦香弥漫，搭配酥脆花生、芝麻颗粒，佐以清香小葱，一口下肚唇齿留香。

红烧牛肉面。咸鲜爽口，味浓汁厚，原汤以牛骨慢炖熬制，并加入白萝卜平衡清爽口感，点缀青菜与胡萝卜，细密鲜嫩，浓郁却不腻口。

番茄鸡蛋面。阳光番茄，酸甜可口，严选新疆阳光番茄，搭配嫩滑蛋粒，酸甜美味搭配劲道面身，温温润润。

为了让该款刀削面更加诱人，书写者还推荐了 3 种常见的刀削面美食，每款刀削面食都配以图片。

比起文字说得天花乱坠，配图一看就让人食欲大增，几张图片便夺去了读者所有的目光。

因此，文案配图应满足以下 3 点要求，否则不如不配。

◆　文字讲不清楚的可配图，如生产操作、先进技术、安装过程等。

◆　文字表述与图片呈现差距。

◆　图片有表现张力。

## 4.1.2 选择图片配色有讲究

色彩是图片的基础元素之一，图片的配色往往决定了其表现力，以及带给人的感觉和传递的温度。文案书写者在选择或制作配图时，应该先考虑图片的主色调，再确定其他色彩。

主色调展现整体的色彩效果，也占据最大的色彩面积，确定了主色调，其他色彩的搭配也就有了依据。在确定图片配色时，书写者也应该考虑文案整体风格、品牌印象风格和市场接受度。那么，具体有哪些表现模式呢？

### （1）契合主题

文案若是有特殊主题，书写者可依据主题带给人的感觉，选择合适的颜色。比如自然与绿色关联、温和与天蓝色关联、激动与红色关联、白色与纯净关联、橘色与活力关联等。下面的实例为爱达乐征文活动文案。

**实例范本│××品牌征文活动文案**

"我早上在爱达乐买的吐司分你一半""那我的《少年时代》借你一看"，时光匆匆流逝，当年那个分享的小伙伴，不知道还有没有继续联系？

今年中秋回忆杀，陪伴90后长大的爱达乐与《少年时代》，一起"出版"了：一本特别的"书"，可以分享也可以表达爱，不知道能不能带你重回童年，再讲一次关于"爱"的故事。

2022年，当中秋节遇到教师节，当爱达乐遇上××传媒，一切爱的表达、爱的传递，都将定格在这场关"爱"为主题的原创作品征集活动中，让我们温暖携手，以爱为名，让爱永存。

这些故事中一部分将有机会登刊在《少年时代》杂志，让更多的读者知道这份爱，也让更多小朋友传递这份爱。

文案主题为"爱"，在中秋节的特别时刻向大众收集有关爱的故事，传递企业文化，让大众感受到这是一个有爱的企业。

文案图片以粉色为主色调，蓝紫色搭配。梦幻的粉色让人觉得温馨、柔软，与主题十分相配，蓝紫色相间使整体没有那么单调。图片饱和度不高，所以色彩的冲击性没有那么大，是大多数人都能接受的，可有效突出文字。

### （2）契合品牌形象

有一定规模的品牌往往会设计品牌标志、品牌制服，并且颜色统一，形成品牌的固有印象。比如一看到绿色就联想到 OPPO，一看到蓝色就想到美的。

企业文案在配图时可参考品牌主题色，以此为基调进行创作搭配，久而久之，在读者心中就会留下深刻印象。如图 4-1 所示。

图 4-1　麦当劳会员日活动文案配图

图 4-1 背景色是浅黄色，这样温和的纯色背景提供了很大的表达空间，既可以呈现食品产品，又可以呈现文字，不够鲜艳夺目也就不会喧宾夺主。

在此基础上用红、白两色点缀，高饱和度的颜色让整幅图变得"活力十足"，而且与麦当劳的品牌标志颜色相契合，自然地凸显品牌特色和形象。

### （3）契合文案主体

如果文案主体的颜色富有特色，具有代表性，书写者也可用文案主体颜色作为配图主色调，从色彩入手加深读者对文案主体的印象，能有效增强整体表现力。

如图 4-2 所示为观夏"春茶枇杷"新香首发文案配图。

**图 4-2　观夏"春茶枇杷"新香首发文案配图**

用灰色做底，明黄色的枇杷在烘托中显得可口动人，看到配图好像就能体味新款香薰的香甜。

下面通过一个具体的实例来了解如何利用文案主体颜色。

---

**实例范本｜××品牌盛夏宣传文案**

斑斓盛夏，美景如画。目之所及，何为盛夏之色？

是，夜月白风清的温乎如莹；

是，杨梅巳满林的浮翠流丹；

是，斜阳照海面的清透碧……

一起随我们走进由松下点缀的"斑斓盛夏，诗意生活"。

江头风景日堪醉，酒美蟹肥橙橘香。

苔痕上阶绿，草色入帘青。

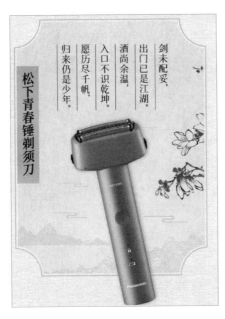

松下青春锤剃须刀

剑未配妥，
出门已是江湖。
酒尚余温，
入口不识乾坤。
愿历尽千帆，
归来仍是少年。

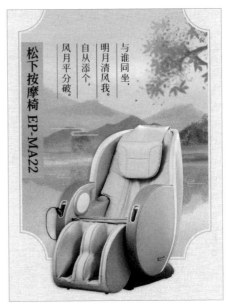

松下按摩椅 EP-MA22

与谁同坐，
明月清风我。
自从添个，
风月平分破。

小坞梅开十二三，曲塘冰绽水如蓝。

日照香炉生紫烟，遥看瀑布挂前川。

松下冲牙器 EW-1423

清冽随处来，
口中泛柔波。
洗出通身白，
似尔携芳菲。

松下 EMS 热敷眼罩 RAD11

人在花草间，
浮生半日闲。
伴朦胧月色，
愿与君入梦。

*Beauty Fairy*

　　该文案以"盛夏之色"为主题，用优美的诗句来展现盛夏之色，并推出有关的产品，全文以颜色串联主题。

如第一款产品是橘黄色的剃须刀，其搭配的诗文为"江头风景日堪醉，酒美蟹肥橙橘香"，诗句中有"橙橘"二字相应和，而产品配图用浅黄色晕染出诗意画面，与同色系的产品重叠在一起，衬托产品的同时也不显得突兀和过于鲜艳。

第二款产品是青绿色的按摩椅，背景图片使用了同色系的多种绿色，层层叠叠、深深浅浅，展现青绿之美。

诚如大家所见，本实例中的产品有非常突出和亮眼的外观颜色，为了让受众看到这些电子产品的外观是多么讲究、细致，文案策划者用诗句与配图来展现外观之美，让受众重新看到被忽略的产品特征，这也是产品的卖点之一。

## 4.1.3　借用图片直观传达内容

无论写作技巧再高超，文字的表达都是有限制的。如果仅阅读文案，读者可能难以真正明白较为抽象的表述，也很难联想到实际情况是什么样，这时便可以借助图片直观表达文案内容。

直观表达是图片的一个特性，运用在文案中是什么效果呢？下面通过实例简单了解。

### （1）效果直观化

企业若是要推广宣传某产品，往往会介绍产品的突出功能及使用该功能最终的效果，效果是很难用文字来呈现的。

如下面实例所示的"放大效果"用图片呈现一目了然。

**实例范本｜××品牌父亲节推广文案内容**

常年不在爸爸身边的你，是否为了教会他用手机，而使出了"浑身解数"但有时候又无能为力？父亲节即将到了，小O连夜撰写"实用玩机指南（大字版）"，助你一臂之力！快转发给咱爸看，当然，咱妈也别落下！

简易模式，一键放大字体＆图标。爸！你知道吗！不用每次发消息前找老花镜了！

骚扰拦截有效保障财产安全。爸！你知道吗！自动拦截的都是疑似诈骗的电话和短信！

快捷支付简化付款步骤。爸！你知道吗！左滑负一屏可以一键微信/支付宝付款！

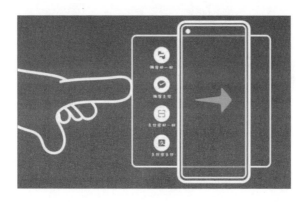

······

为了配合父亲节促销，品牌向大众特别介绍适合老年人使用的手机功能，可以吸引老年人购买，或是年轻人买来孝敬爸妈。本文案特别介绍了字体放大功能、骚扰拦截功能、支付简化功能等。

从文字描述来看，这些功能的效果并不直观，而配图充分说明了"一键放大"是什么效果，形象生动，让读者看到开启这些功能后实实在在的作用。

### （2）抽象事物直观化

越是抽象的名词越难引起读者注意，也很难真正地触动读者。比如描述香水用"芳香"这个词，读者很难对这个词语有真切的体会，书写者要么用文字进行细致描述，如"香气清冷雅致，就像行走在初秋的山林中，顺手摘起一朵郁金香"，要么配上形象的图片使抽象事物直观化。具体来看下面的实例。

**实例范本 | ××品牌护色洗衣凝珠宣传文案**

在这里，我会遇到一些强劲的"对手"。而我，WIFI侠的使命旅途也在此正式开始了。

Round 1 细菌游击战

藏匿于衣物中的细菌螨虫，通通现身吧！

Round 2 污渍对抗赛

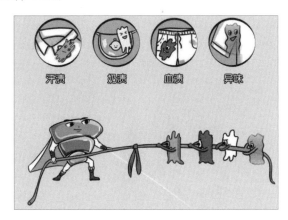

……

文案通篇将洗衣凝珠拟人化，讲述它要面对的"强敌"，潜台词便是该产品可解决诸多的洗衣疑难问题。

第一轮是除菌，细菌螨虫看不见、摸不着，容易让人忽略除菌的作用，因此文中用图片展示藏匿在衣物中的各种细菌，让细菌"被看见"，读者立马就能感受到产品的效用。

第二轮是去除污渍，将生活中常见的汗渍、奶渍、血渍、异味等展示在图片中，读者可以切实感受到洗衣的麻烦，也能感受到产品效果的强劲。

### 4.1.4　趣味图片提高文案接受度

为了增加图片吸引力，对其做一些处理是有必要的。如设计卡通人物、设计漫画情节等，让图片趣味十足，文案阅读起来轻松没难度，这样受众才不会厌烦。

#### （1）卡通形象

将企业及产品形象化，用一个卡通人物来代表，可以瞬间增加企业的亲和力，尤其是对于那些主要面向年轻群体的企业来说，可爱的卡通形象更能走入受众的心里，在文案中插入卡通形象丰富内容的同时，也让文案变得有趣和搞笑。

**实例范本 | ×× 品牌开学季促销文案**

话说暑假快过完，同学们也该收收心准备开学了，大家的开学装备都准备好了吧，阿鼠今天看了几位坚果同学的开学装备，然后……

该文案针对 9 月开学季做宣传，向要开学的学生们推荐几款坚果，每种坚果都变成卡通形象，比起实际的摄影图片，更加生动诱人，也更符合学生的审美。比起营养，年轻的学生更在意酷炫的包装和不走寻常路的表达。

### （2）拟人表达

拟人是写文章常用的修辞，能为文章增色不少。图片也能采用拟人修辞进行表达，让原本一板一眼的事物立刻活了过来，充满意趣，就像很多以物品作为主角的卡通片，通过人格化物品吸引了大量观众。具体来看下面实例的相关运用。

**实例范本 | ×× 豆花尝新促销文案**

没想到，有一天，我们也会有豆花。既然今天是上新豆花，得先说说大头象的小时候，那时告诉我妈说想吃一碗豆花，可是要等上一天，有时不止一天（因为母亲的心情，就像天气……）

为什么要等那么久呢？

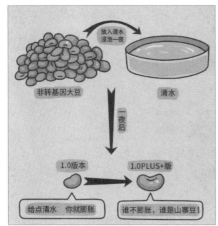

......

本实例对企业的新品豆花进行推广，从制作工艺入手，让受众看到企业的细心负责，认可豆花的品质。如何介绍烦琐的制作过程是一个难题，本例用配图展示，操作步骤一目了然，不像文字那么抽象难懂。

不仅如此，制作者还在图片中添加了一些说明文字，有些还是拟人用法，如：

"大哥！交给你了"

"兄弟我陪你"

"我是榨汁机"

......

这些人才会有的表达，放在黄豆、清水和榨汁机上，不得不说逗趣十足，读者阅读制作过程时也不会觉得枯燥了。

### （3）漫画故事

有一种图片自带情节和对话，就像故事一样牵动人心，这就是漫画。漫画之所以能够成为 21 世纪的重要文化产品，与小说和影视剧不相上下，就是因为漫画的表达更具想象力、更夸张、更饱满。在文案中插入漫画表达，哪怕简单的事情也能变得跌宕起伏，让人充满兴趣。

下面的实例就是如此，一起来体验书写者的创意写作吧。

**实例范本 | ×× 品牌玩机技巧科普文案**

　　一碰开门轻松行。使用方法：打开"钱包"应用，点击"去开门 > 录入实体门禁卡"，将你的门禁卡贴在手机背面顶部，直到录入成功。或者点击"去开门 > 线上开通门禁卡"，输入相应信息即可使用。从此开门告别实体门禁卡，手机无须亮屏，轻触一下就通行。

　　一触刷卡秒过闸。使用方法：打开"钱包"应用，点击"去乘车 > 选择开通的公交卡"，按提示操作开启公交卡，就可以快速乘车，即使没有网络、手机没电关机也可以正常使用。当卡中余额不足时，也可以在钱包中直接充值。

　　为了向大众介绍 OPPO 手机的独特功能，也就是所谓的卖点，书写者为每个功能都配有相应的图片，并以漫画的形式表达。

　　从图中可明确感受到是否拥有 OPPO 手机对日常生活的影响，这都有赖于漫画的特色表达，包括：

◆ 生活情景夸张化，出现令人恼火的情景，要么被关在门外，要么来不及赶上地铁。

◆ 放大表情和动作，漫画中人物的窘迫、震惊、得意、痛哭流涕都非常明显，表现力十足。

◆ 配上辅助文字，表达更清楚，情绪更饱满。

### 4.1.5　利用好色彩增强表现力

有时人们体会不到图片的魅力，可能仅仅是因为文案没有让图片"绽放色彩"。就比如食物和大自然，这两类事物本身就具备吸引力，如果书写者在文案中不能展现其本来特色，就是在浪费图片的表现力。

那么，如何表达食物与大自然的色彩魅力呢？

### （1）秀"色"可餐

在不能以食物的气味吸引人时，食物的色彩表现就变得非常重要。通过下面的实例可以了解一二。

**实例范本** ｜ ×× 美食科普文案

想要 Brunch 菜单创意无限，让消费者每天都来店里打卡吗？荷美尔新研发了不少咸鲜类烘焙单品，每一个都创意十足，快来更新你们的菜单吧！

牛油果培根贝果。选用荷美尔精选美式培根，亮点：牛油果提供 不饱和脂肪酸，荷美尔培根提供浓郁培根香味及蛋白质补充。

帕斯雀牛肉法棍三明治。选用荷美尔帕斯雀牛肉，亮点：无糖无油法棍，荷美尔帕斯雀牛肉丝丝牛肉纤维，高蛋白质补充，经典浓郁黑椒风味。

芋泥鸡胸恰巴塔。选用荷美尔法式蒜香黄油鸡胸，亮点：恰巴塔包无糖、低热量，法式蒜香鸡胸低脂、高蛋白，与国风芋泥中西融合。

紫薯鸡肉卷。选用荷美尔烟熏鸡胸，亮点：国风紫薯搭配荷美尔烟熏鸡胸，丰富膳食纤维＋低脂高蛋白，五种营养色泽，多彩视觉刺激味蕾。

......

该文案对 Brunch 这种生活方式进行介绍，并对 Brunch 的烘焙单品进行列举，达到推销品牌食材的目的。

每种烘焙单品都配有对应的图片，每张图片都可口诱人，让人看到食材的新鲜、优质，这只因书写者对食物色彩的把握。文案中的配图，有以下一些特点：

- ◆ 饱和度高，越是新鲜的食材颜色越饱满，看上去越有光泽，所以绝不能让食物颜色黯淡。
- ◆ 颜色丰富有层次，几乎每张图片的颜色都不止一种，不会显得单调。
- ◆ 红绿搭配，对比强烈，给人很强的视觉冲击力。

食物颜色不同带给人的感觉也不同，如表 4-1 所示为不同颜色的食物带给人的感受以及情绪上的影响。

**表 4-1　食物颜色的影响**

| 颜色 | 带给人的影响 |
| --- | --- |
| 白色 | 白色食材常给人干净、柔和、鲜嫩、清爽的感觉，呈现白色食材一定要有颜色对比，达到视觉平衡，否则会单一无趣 |
| 红色 | 红色的食材非常常见，容易给人成熟、香甜、刺激之感，能引起人们的食欲 |
| 黄色 | 明快的黄色容易让人联想到丰收，而香油黄会让人有酥脆之感 |
| 绿色 | 绿色可体现食材的生命力，让人觉得新鲜、清爽 |
| 橙色 | 橙色能激起人们的食欲，让人能感受到香甜 |
| 紫色 | 淡紫色能给人雅致之感，深紫色能提高人的食欲，如何搭配还需依照食物本身决定，若是紫色糕点还是淡雅一点较好 |

（2）自然之色

在为文案配图的时候，自然风景图的利用十分常见，书写者想要展示自然风光的美，一定要有技巧地运用色彩，需要遵循两个基本原则——还原与协调。

先来看下面的实例。

**实例范本 | ×× 品牌 "守护中国传统色" 活动文案**

绝景良时，月满秋来。伊利携手中国传统色大师 ××，取方寸国色，眺万卷原野。

青。东方色也，游于蓝绿之间，如润玉韫于天地，延绵无边之苍茫。草木萌动之合色，取为青青。是绿竹，是松柏，是百草，是河畔草，还是园中柳。

伊利聚焦打造绿色智慧牧场，北纬 39.58 ～ 41.36 度黄金奶源带，"以养带种、以种促养"。种好草、养好牛、产好奶，伊利为奶牛订制科学的套餐食谱，多种牧草搭配，富含丰富蛋白质、矿物质和维生素，以三好品质养殖打造"伊利品质"。

沧浪。属清属浊，一念即风生，二念即水起，数风华万代自轻悠。先秦至清代，取自春天竹子，东风解冻之承色。伊利牧场守护源头活水，绿锦环城，连山通水，土壤经过三年精华，水草丰盛，纯天然、无污染，还原品质好奶。

伊利牧场的中秋之月，遇上传承千载的中国传统色，体验不一样的中秋之旅。

在中秋佳节，伊利企业推出"保护中国传统色"活动，在展现传统国色之美的同时，展现伊利牧场的纯天然、无污染。

文中列举了几种不同的中国色，如青色、沧浪等，配上对应的牧场风光，每种颜色都美得惊心动魄，让人惊叹自然不愧是丹青圣手。

第一张图对青色进行诠释，深深浅浅、明明暗暗的青色在图片中交织融为一体，就像天然的画卷，带给人丰富的感觉。不一样的青色让人感受到牧场的明媚与幽深，牧草的茂盛，草原的宽广。

而后一幅图则用色彩的对比展现两种颜色的美，使用大块的青绿与沧浪进行构图，虽然构图简单，但在画面中心的沧浪色给人较强的冲击力，让读者看到了水的清澈。

## 4.1.6　长图文方便读者保存

现在长图在文案中越来越常见，因为图片比例较大，所以传递的信息比普通图片多很多，在新媒体平台发布也方便读者保存，长图的类型主要有以下几种。

### （1）拼接长图

拼接长图即是将几张图片拼在一起，帮助企业表达内容，这几张图要么是同类型图片，要么是内容连贯的图片。如下面的实例所示。

**实例范本 | ××品牌"寻味之旅"活动文案**

南日岛收海带，一种风味，一种期待与希望。靠山吃山，靠海吃海。良品铺子"甄选官"眺望东南方，来到福建省第三大岛——南日岛，这里也是福建唯一国家级"海洋牧场示范区"。

清明前后，渔民开始出海采收，捞满一船海带回来需要 6 个小时。长而宽，肉质厚，口感爽脆，是南日岛海带的最大特点。

不同于传统的晾晒方式，良品铺子只选深海海带 40% 的精华部位，采用更先进的盐渍加工工艺，更好地保留了海带的口感和营养风味，鲜香脆嫩。

在介绍企业"寻味之旅"的其中一站时，书写者着重介绍了南日岛采收海带、晾晒海带和加工海带的特别之处，体现品牌选品的优质。

而配图则是 3 张拼接而成的长图，先是渔民在海域采收，然后展现晾晒的场景，最后看到海带基本成型。每一张图都是关键，都不能省略，让读者直观了解到食材的来之不易，这样会使其投入更多情感。可见，本实例中的长图就是一个过程。

（2）画卷式长图

画卷式长图一般适用于对话、漫画等内容的表达，在完全展示内容的同时，还能体现内容的顺序性。这类图片中的文字内容较少，所以阅读起来非常轻松，无论是发布在杂志还是自媒体平台，画卷式长图的尺寸版式都很契合。如图 4-3 所示为三只松鼠中秋节宣传文案。

为了在中秋节推出品牌的 3 款礼盒，书写者编写了一段松鼠和月饼的对话，用拟人的修辞，让整个对话变得可爱、有趣、生动。从月饼礼盒的"争吵"中，读者可以知道 3 款月饼礼盒各自的特色，分别是"受欢迎""精致""坚果"，因此这 3 款礼盒有各自的卖点。

除了对话，图片中还加入了对话的背景"松鼠大楼"，以及松鼠的卡通形象和桂花，整张图浑然一体，既有中秋节气氛围，也有企业特色。

图 4-3　三只松鼠中秋节宣传文案

## 4.1.7　高质量图片增加读者收藏欲

选择图片或是拍摄图片用于文案制作时，一定要保证图片的质量，有的文案配图即使拿来做手机屏保也毫无违和感，说明图片有可看性。一张高质量图片应该满足哪些条件呢？

◆ 清晰度高,模糊不清的图片会降低读者的阅读体验。

◆ 色彩与光线搭配平衡,有色彩对比、明暗对比。

◆ 出色的构图,根据题材和主题思想的要求,把要表现的形象适当地组织起来,构成一个协调的完整画面。常见的构图有水平式(安定有力感)、垂直式(严肃端庄)、S形(优雅有变化)、三角形、长方形、圆形(饱和有张力)、辐射(有纵深感)、中心式(主体明确)、渐次式(有韵律感)、散点式以及平铺式(有规则的)等。

◆ 突出主题,让人一眼就看到图片想要表达的内容。

下面通过几个实例来欣赏文案中的那些高质量图片吧。

## (1)唯美风景图

无论是自然景物还是建筑物,选择此类摄影图片,不仅要与文案内容契合,还要展现景物的特征与美,这样才能带来双倍的感染力。

**实例范本** | ××**品牌 16 周年活动文案**

第六站·云南凤庆

凤庆拍核桃,保留食材的本味,是对于自然的尊重。良品铺子"甄选官"转向西行,来到了海拔 2000 米的云南凤庆。中秋前后,凤庆人会手拿竹竿拍打下熟透的核桃果,满载而归。

来自"中国核桃之乡"的云南核桃,个大饱满,香味浓郁。良品铺子的核桃,只保留食材的本味,不添加任何调味,是对自然馈赠最好的尊重。

文案配图为云南凤庆,水平式构图突出了景色的广阔,以天际线作为水平线,层层叠叠,一直延伸到很远的地方,可以看到远处深深浅浅的云层与山峦,增加了图片的立体感。

图片中云霞与山峦的明暗对比,凸显了万丈霞光的明媚,同时让高山多了一份深沉巍峨。天空的颜色不止一种,有浅紫色、

蓝色、橙色，融合在一起，共同构成多层次的美。整幅图无论光线、色调、构图、视角都很讲究，读者一见就会被凤庆的美景所吸引。

（2）看到细节

很多时候书写者容易陷入一个误区，即配图要大气，表达很多内容，其实不然，以突出细节为目的进行配图，同样能让读者受到感染。

**实例范本 ｜ ×× 品牌香水回归宣传文案**

要做苦橙香，却不直取苦橙。香柠檬、西柚、榄香、甜橙复配出苦橙神韵。似是而非之间，生出许多想象空间。

雪松、香根草与广藿香，像雨后的苏州老城，空气里微苦的泥土香。薰衣草的凉感，为整支香带来醒目的高光，像古桥下粼粼水波。

黑胡椒的辛中和柑橘调的圆润，柑橘有了分明棱角，辨识度明显提高。天竺葵、安息香与琥珀，在中和后调一点点晕染出甘甜，是谓苦尽甘来。

为了回归的这款"苦尽橙"香水，观夏特意创作了该文案，不仅用文字详细介绍选用的香料，还通过细节图向读者展示香料的细节。

图中可以看到一只手抓住半粒香橙挤压，香橙汁顺着手掌滴下，从图中可以感受到香橙的饱满以及爆出的生命力，是一种很微妙、很艺术的表达，好像读者已经能闻到香橙散发的气味了一样。

不过，要想通过图片来展示各种细节，一定要事先想清楚需要展示的细节是什么，以及该细节的价值，以免让读者觉得索然无味。

### （2）有所设计

在原有的图片上添加创作，重新设计，也能提高图片的质量，让图片焕发"生机"。

**实例范本｜××"乳业硅谷"宣传文案**

大家好，我是哞伊，ESFP，你看到满草原奔跑的就是我！江湖人称大型社牛~

哞……我是哞利……ISFP……如果你看到我在吃草……请忽略我，我社恐……

最近我俩搬到了号称"乳业硅谷"的新家，集持续发展与有机共生于一身的未来生态城——伊利现代智慧健康谷。入住新家的我们今天带大家来云旅游一把，来一场奢野"room tour"~

该文案对伊利"乳业硅谷"进行介绍，并配图展示几处标志性区域。不过仔细一看，图片在真实摄影的基础上，添加了一些卡通元素，就像在摄影图片上作画一样，图片显得画风清奇。

原本只是普通的图片展示，现在多了趣味、多了创意，提高了图片的关注度和吸引力，从而使读者很乐意了解介绍的内容。

## 4.2　文案版式聚焦重点内容

排版是指将文字、图片、图形等可视化信息元素在版面布局上调整位置、大小，使版面布局条理化的过程，让版面达到美观的视觉效果。文案排版是文案重生的一次机会，哪怕平平无奇的一篇文案，经过精心设计排版，也有可能让人眼前一亮。哪怕只是简单的几句话，版面不一样，呈现的视觉效果就会完全不一样。如图 4-4 所示。

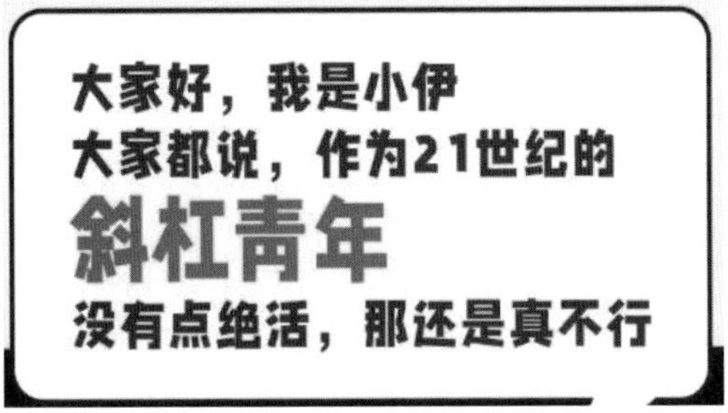

图 4-4　排版效果

### 4.2.1　版式的设计原则

要做好版式设计，首先要了解基本的设计原则，按照基本的原则进行排版，不至于让文案难以阅读。以下几条原则并不是每一条都要遵守，但可以同时考虑。

**分点叙述。**文案内容较多的时候，分点叙述能厘清重点，避免不同论据杂糅在一起，增加读者理解的难度。从视觉角度来说，相较于一大段文字的紧凑，几个小段分隔开来阅读速度更快，不容易产生视觉疲劳。如图 4-5 所示。

**留出空间。**文字与文字之间、文字与图片之间应该留有空隙，否则读者很容易看错行或是压根儿看不清楚，在心理上也会给人一种压迫感，使人焦躁，没有耐性再读下去。

01
高效
订单享受优先检测和维修，
从下单到取机，4 小时内就能完成。
02
安全
维修空间保护您的隐私。
美团配送骑手专送，配送状态随时查看，
实时获取骑手位置。
OPPO 官方投保，取送又快又安全。
03
省力
手机突然遇意外，工作忙没时间送修？
不用出门，不用奔波，一键下单就把手机修好。

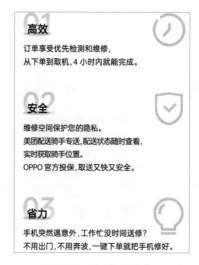

图 4-5　分点叙述排版

**对齐。**无论图片、文字还是任一文案元素都不是随意摆在版式上，书写者要按照视觉逻辑顺序排列文案元素，使版面看起来整齐，各内容有内在的关联，可以是左对齐、右对齐或居中对齐，只要风格统一即可，一篇文章最好采用一种对齐方式贯穿始终。如图 4-6 所示。

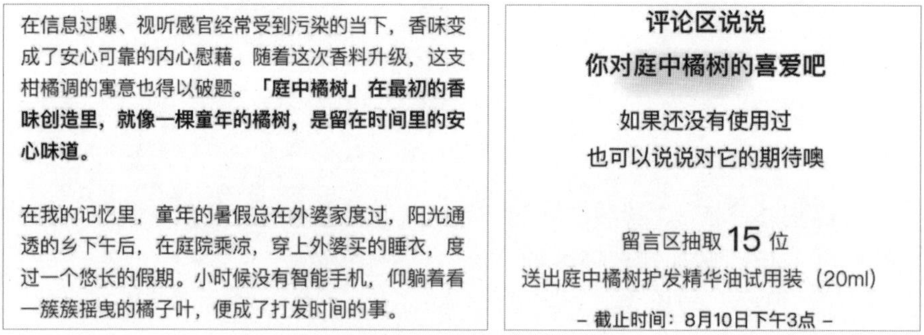

在信息过曝、视听感官经常受到污染的当下，香味变成了安心可靠的内心慰藉。随着这次香料升级，这支柑橘调的寓意也得以破题。「庭中橘树」在最初的香味创造里，就像一棵童年的橘树，是留在时间里的安心味道。
在我的记忆里，童年的暑假总在外婆家度过，阳光通透的乡下午后，在庭院乘凉，穿上外婆买的睡衣，度过一个悠长的假期。小时候没有智能手机，仰躺着看一簇簇摇曳的橘子叶，便成了打发时间的事。
评论区说说
你对庭中橘树的喜爱吧
如果还没有使用过
也可以说说对它的期待噢
留言区抽取 15 位
送出庭中橘树护发精华油试用装（20ml）
– 截止时间：8月10日下午3点 –

图 4-6　左对齐和居中对齐排版

**为内容分组。**文案中，文字与文字、图片与文字、段落与段落、各部分内容是相关联的，书写者要懂得为内容分组，如一段文字与其配图就是一组，有 3 段内容是并列关系可分为一组。这样一来，不论多繁复的内容都能有序归组整理，按顺序排版，文案结构也能更清晰。如图 4-7 所示，文案内容便为一组。

图 4-7　图文一组

含蓄排版。不要为了省篇幅就一股脑儿地将文案全堆到前面来，很多读者看到长篇大论可能马上就翻走了，所以排版应该含蓄一点，慢慢展开内容，慢慢揭露主题内容，书写者要懂得拆分文案内容。如图 4-8 所示为犀望品牌的植树节文案，开头一小段文字作为引子，然后配上图片缓解一下，再慢慢展开后文。

图 4-8　犀望品牌植树节文案

留白。页面版式不能每一处都被文案内容占据，适当的留白可以给人放松的空间，不至于被满屏的信息堆砌而喘不过气来，而且信息过多会使读者难以找到重点，所以一个页面中的文案元素需要适量。就像图 4-8 中，文字内容只占页面中间一点，其余都是留白，阅读起来非常轻松、舒适。

### 4.2.2　了解版式组成元素

了解版式的组成元素能让书写者更易把握文案的排版，一般来说，文案版式的组成元素包括主体、文案、装饰元素和背景。

#### （1）主体

版式的主体就是整个版式的视觉焦点，读者进行阅读时，首先会注意到这个部分。它可以是文字，也可以是图片，起着吸引读者的作用。如图 4-9 所示，页面正中的"朋克养生"便是视觉焦点。

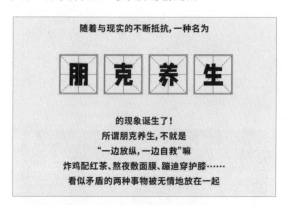

图 4-9　页面主体"朋克养生"

#### （2）文案

文案部分可对主体元素进行解释，展开书写，是排版的重中之重。如果说主体元素决定文案元素的位置，那么文案元素的位置便能决定其他元素的位置。

#### （3）装饰元素

就普通文案版式来说，有了主体元素和文案元素就已经足够了。但为了让版面增色，文案中还可以添加一些装饰元素，当然这是可有可无的，却能让画面变得更丰富、生动。如图 4-10 所示文案的版面边缘处，添加了小花小草进行画面点缀，契合文案的可爱风格。

图 4-10　版面的装饰元素

（4）背景

现在大多数文案版面的背景都不是纯白色的了（保值印刷除外），一般来说，文案版面的背景类型可分为以下 4 种。

**纯色背景**。指以一种颜色为背景，没有其他任何的图案。如图 4-11 所示。

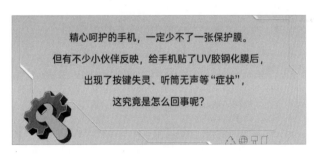

图 4-11　纯色背景

**图形背景**。以某一图形，如长方形、正方形等为背景框住文案内容，让排版变得规范。

**图片背景**。以一张图片为背景，衬托其他元素，图片内容最好与文案主题相关。

**双层背景**。即背景不止一层，背景元素有了重叠感，在视觉上显得很有层次、很高大上。如图 4-12 所示。

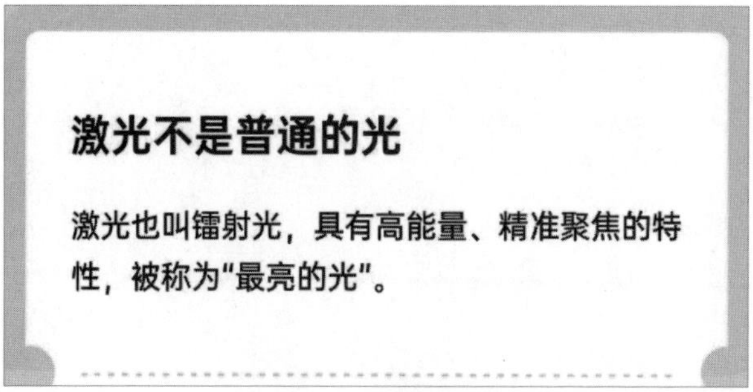

激光不是普通的光
激光也叫镭射光，具有高能量、精准聚焦的特性，被称为“最亮的光”。

图 4-12　双层背景

### 4.2.3　图文间距合适为佳

文案内容主要由文字和图片组成，这两大元素如何和谐地排版，如何共同呈现文案主题，是书写者必须重视的问题。那具体应该怎么做呢？可从以下几点入手。

（1）图文不远不近

图文混排时如何确定图文关系？可从图文间距进行考量。图文间距过远，读者难以分辨图片与哪段文字对应；图文间距过近，版面显得奇怪，给人局促感。所以书写者要设置好合适的图文间距，并在整个版面中保持一致。如图 4-13 所示。

操作方法：设置 > 显示与亮度 > 自动调节亮度
显示与亮度
自动调节亮度

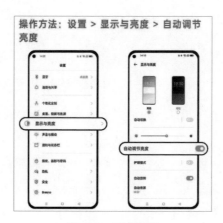

图 4-13　图文间距

图 4-13 中比起文字间的行距，文字与图片的间距要大些，但能明显看出文字与图片为一组。图文间距该如何设置，有以下两条原则：

◆ 文字间的行距小于图文间距，但差别不用过大，如设置的行距为 0.5mm，图文间距可为 1mm。

◆ 内容相符的图文为一组，若该组图文间距为 3mm，那么该组图文与之后内容的间距要大于 3mm。

## （2）图文穿插有序

图文搭配排版有这样一种情况，即文字内容较多，可能需要分好几段书写，那么图片应该在什么位置插入呢？是在文案中间？还是文案结尾处？这就要看文字表达的内容具体是什么了，插入的图片既不能随意打断读者的阅读，又要让页面看起来不过分单调。这中间分寸的拿捏，对书写者也是一种考验。具体来看下面一个实例。

**实例范本 | ×× 小吃市场研究文案**

花样繁多、底蕴丰厚的中式小吃在传承与发展的同时，各类随时代特性应运而生的小吃也如雨后春笋般涌现，小吃市场展现出蓬勃的生命力，从小吃占据餐饮外卖订单半壁江山就可窥见一二。

美团平台大数据显示，2019 年小吃外卖订单量占比达 60% 左右，交易金额占比超过 50%。2019 年小吃外卖订单量同比增长 33.9%，交易额同比增长 37.4%。

小吃作为休闲娱乐场合的搭配品，本身自带消遣属性，对于消费者而言，其主要功能在于"解馋"，他们常常更在意小吃的口感、口味和享用过程中感官和心情的愉悦。

与此同时，受互联网和审美偏好影响，高颜值网红小吃因"有噱头、能社交"等原因自带"流量"体质，往往更容易受到消费者青睐，从而得到更广泛的传播。

要想在小吃行业保持经久不衰的热度，不仅需要颜值，更需要过硬实力。因此，商家厨师推陈出新开发特色小吃时既要把控菜品外观颜值，还要兼顾口感、风味等消费者味蕾需求，才能从小吃品类中崭露头角。

该部分文案共 5 段文字内容，其间嵌入两张图片。开头从不同方面说明小吃市场的要点与特征，第二段文字提供具体的数据佐证小吃市场的发展，并接着配图补充说明。一来是对数据的直观展示，二来说明前两段内容已经完结，小吃市场不断发展的观点也已说明完全。

下面则针对具体的小吃展开介绍，比如应该制作什么样的小吃吸引消费者，并配上可口的小吃食品图片，增加文案可读性。由于后 3 段文字的连续性不是那么强，所以选择在最后一段之前插入图片，让图文平衡。

通过上面的实例，书写者在确定图片插入位置时，需要注意以下几项：

- 开头段落内容不多的情况下，不要插入图片，如果读者还没有获取什么重要的信息便被打断，会影响阅读体验。
- 中间段落要插入图片，应选择一个观点或事项完结后的位置，不要打断内容的连续性。
- 不可在段中插入图片。

（3）文字不遮挡图片

为了更好地呈现图片，除了单独的文字介绍外，有时也会在图片上标注文字。但书写者一定要搞清主次关系，以图片为主、文字为次，如图 4-14 所示。

海拔1500米高原地区
年均气温3.5℃、平均日照16小时……
这些，让燕麦的生长拥有了得天独厚的自然优势

**图 4-14　麦子和麦品牌的裸燕麦产区**

图 4-14 中添加了文字对图片进行说明，为了让读者将注意力放在图片上，看到产区宽广的自然风光，书写者特意将文字放到左下角进行说明，并用不起眼同时又不撞色的白色字体进行标注，没有遮挡图片主要部分。

在图片上标注文字，有哪些基本的原则要遵守呢？

◆　文字不能在图片的视觉中心。

◆　文字不与图片主体元素重叠，如果图片主体在画面边角部分呈现，文字要另寻位置标注。

◆　文字内容不能过多。

◆　文字排版要有规律，应该做到对齐排版。

（4）图文不同色系

除了要注意文字在图中标注的位置，文字颜色也要考虑，不能与图片背景色一致，会难以看清。书写者最好首先考虑选用黑、白两色，这样不容易出错。

### 4.2.4　图片组合要注意哪些

很多时候图片组合并不只有一对一的方式，还有多张图片组合在一起的情况，用于表达文案内容、丰富文案信息。而多张图片排列在一起，该如何排版？谁大谁小？谁前谁后？书写者可参照常用技巧，根据文案内容综合考虑进行排版。可参照如下所示思路。

**（1）按人物关系排列**

在对多张人物图片进行排列时，书写者应考虑人物之间的关系，如长幼关系、层级关系、情感关系等，这样图片组合更有内在逻辑。一般来讲，以下面所示的顺序排列：

- ◆ 如无特殊主题，将老年人的图片放在年轻人之前。
- ◆ 排列企业人员图片，以高级管理人员为先、普通员工为后。
- ◆ 家庭人物图片，先排列爷爷奶奶、爸爸妈妈的图片，再放置小朋友的图片。
- ◆ 若图片人物有性别之分，最好男女间隔排列。

**（2）遵循自然规律**

对不同的风景图片进行组合排列，需要考虑自然规律，如同时呈现天空与大海图片，最好将天空图片放置在前，然后接着排列大海图片，这样看起来更加协调。

**（3）图片表现力排先后**

同样主题的图片，当然是最有表现力的图片排在最前面，或是排在中间位置。若是人物图片，则选择人物表情最丰富的图片排在前面。

**（4）注意图片组成形状**

多张图片进行排列，图片大小、尺寸可能会有差异，如何排列整齐是书写者需要思考的问题。可以按长方形、正方形或平行四边形这样的规则图形来放置图片，让整个文案版面干净整齐。

（5）由宏观到微观

如果一组图片都是对同一主题进行展示，那么最好先展示整体、后展示部分，这样方便读者理解。如果先展示部分，读者会不知道展示的究竟是什么。如图 4-15 所示。

图 4-15　麦子和麦品牌燕麦原料产地

## 4.2.5　如何排版让人眼前一亮

在了解了一些基础的排版方式后，书写者可以思考如何让排版更加吸引读者，为文案内容增色，具体可利用以下几种技巧。

（1）变化

版式一成不变会稍显单调、缺乏亮点，书写者可通过添加有趣的图形元素，改变图形元素的位置，调整文案元素的大小、颜色，来改变版面的呈现，为呆板的局面增加灵活感。

（2）对比

文案整体若是千篇一律，看上去就没有吸引力，书写者可通过内容之间的对比，突出要点部分，减少阅读的平淡感。常见的对比有以下几种：

**字体对比**。通过字体的变化区分内容，还可通过创意字体增加趣味性。如图 4-16 所示。

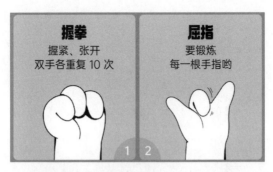

图 4-16　小标题与说明文字的字体对比

**字号对比**。将重要的、需要读者一眼看到的文字用大字号表示，一些补充内容可用小字号表示，有对比才能更快获取关键信息。如图 4-17 所示。

下单成功，等待服务中心确认订单后，将由
████配送骑手专送上门取件。
等待取件时，建议您做好数据备份，并开启
"维修空间"。"维修空间"开启后，任何人都无法在您的手机上查看您的隐私。

*注：
1. 若服务中心未确认，则订单将会在 30 分钟后失效，此时您需要重新进行申请。
2. 手机送出前，可使用原装手机盒进行妥善包装，或使用泡棉、气泡袋等进行包裹后放置到快递盒内，以免造成磕碰。

图 4-17　正文字号与标注字号对比

**大小图片对比**。多张图片共同展示的时候，可将表现力强的图片放大展示，较为普通的图片小幅展示，这样不仅使版面错落有致，内容上也能分清主次。

**颜色对比。** 在彩版印刷杂志或者自媒体上，书写者可用颜色区分内容，以达到突出的目的。如图 4-18 所示，用橙色文字区分黑色文字，突出每段文字的重要内容。

> 1　非油炸面皮/宽面，更健康
>
> 2　还原面皮"薄、光、软、筋、香"的地道特色，面皮劲道爽滑
>
> 3　纯芝麻酱浓香细腻，搭一点红油微微辣，佐上香醋，色泽鲜亮。隔着口罩都能闻到的香
>
> 4　有黄瓜、胡萝卜丝的方便凉皮，只要4.5分钟，随时享用
>
> 5　包装袋用心、厚实，到手不碎不破，香味被完整包裹在料包里

图 4-18　文字颜色对比

### （3）隔离条

若需要在版面中添加标注文字，但版面元素过多，或背景色与标注文字颜色一致，可以使用"隔离条"，避免乱上加乱或不易辨别的情况。如图 4-19 所示。

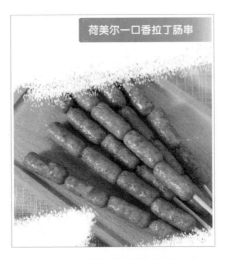

图 4-19　绿色隔离条呈现白色标注文字

### （4）重复

在版面中重复运用某种元素能达到加强印象、加强整体性的目的，让人觉得排版有逻辑、有规律、有设计。常见的有以下两类：

**书写格式重复。** 通过设置固定的写作格式，厘清写作内容，提炼逻辑关系，并让整个版面显得条理清晰。如图 4-20 所示。

| 原因一：
**小浣熊、小浣熊，傻傻分不清楚**

小浣熊的毛发以灰黑色为主

小熊猫的毛发以红褐色为主

有不少小伙伴在动物园容易将小熊猫和小浣熊认错

小浣熊品牌形象的真身是有着"黑眼圈"的小浣熊

而艺术创作来源于生活

作为品牌形象……我们还是会进行再次优化的 | 原因二：
**保护野生动物的一种途径**

由于自然环境的破坏

大量的野生动物永远消失在了地球上

我们与野生动物是命运共同体

保护它们也是在保护人类自己

那我们能为保护野生动物做些什么呢？

拒绝偷猎、拒绝野味、拒绝动物皮毛大衣 |

图 4-20　书写格式重复

**图形元素重复。** 通过相同的图形元素呈现同组内容，并为画面添加活力。如图 4-21 所示。

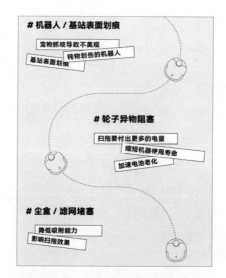

图 4-21　鼠标图形元素重复

扫码做习题

扫码看答案

# 第 5 章　润色文案内容使阅读量飙升

很多时候企业只是习惯性地发布文案，但一篇篇的文案就像是石沉大海，得不到较多的回音，这是因为文案创作者没有想过换一种写作方式，只有创意书写才更能击中读者的心。

内容场景化客户更有代入感
数据的各种呈现方式
堆砌内容不如简洁明了
减少长难句的使用
对症下药找到目标读者

扫码获取本章课件

# 5.1 提高内容亮点才是关键

文案的核心永远是内容，要想文案真正吸引人，真正将品牌需要传递的消息让读者看到，那就要让文案做到有创意、有亮点、有感染力，但这需要掌握一定的技巧。

## 5.1.1 内容场景化客户更有代入感

文案是面向大众的，不是企业的夸夸其谈，书写者应重视读者的视角，为读者创造联想的空间，这样有助于读者接收企业传递的信息。因此，在内容表达上，文案更应该注重场景化。

场景本指戏剧、电影中的场面，现在泛指某种情境，即在某时某地发生某事，形成的一种画面。内容场景化就是把要表达的内容变成一个画面，形象地呈现在读者面前，让读者能够沉浸在该画面之中。

将文案内容场景化能够达到以下一些目的。

①熟悉的场景能勾起读者的回忆，引起共鸣。

②生活中那些常发生的场景，可扩大受众范围，并引出经验之谈。

③根据用户痛点设置场景，用户感受更深。

④场景化内容与观点概念相辅相成，文案中既有抽象的观点，又有具象的描述，读者更易理解。

要做到内容场景化，书写者可从以下 3 个方面入手：

◆ 场景化选题。

◆ 标题场景化。

◆ 文案内容场景化。

那么，在具体创作时，又有哪些方法能做到变"文字"为"画面"呢？

### （1）概念替换

对于两个意思相近的概念，有时候书写者换一种表述，画面感就出来了，如下面的实例所示。

**实例范本 | ×× 手机使用科普文案**

【标题】三个步骤，让手机信息轻松"搬家"！

【文案内容】

搬家还有搬家公司，手机信息搬新家，哪能没有好帮手？通过 WLAN 链接，无须任何流量，信息立刻搬新家。

◆　情况 01，OPPO 迁移至 OPPO

如果您要将旧 OPPO 里的内容搬至新 OPPO 只需两部手机、一个二维码，扫描即可搬家。

……

◆　情况 02，iPhone 迁移至 OPPO

新旧手机系统不一？不用担心，iPhone 也能搬家至 OPPO。

……

◆　情况 03，其他安卓手机迁移至 OPPO

新旧手机品牌不一？不用担心，其他安卓的信息也能到 OPPO 这里，一个二维码就搞定。

……

本篇文案主要向 OPPO 手机用户介绍数据迁移的基本步骤，分为 3 种情况描写。而为了让各个年龄段的用户都能理解该项功能，书写者在标题中将"迁移"替换为"搬家"。

乍一看，这两个词语概念相似，但"迁移"更抽象，"搬家"更具象；"迁移"在日常生活中使用不多，而"搬家"却是耳熟能详的词，即使是中老年人也能轻松理解。

在文案开头，书写者具体地解释了"搬家"的概念，即人人都经历过搬家，而手机信息要搬家，怎么能没有"搬家公司"呢？这便是将日常生活经历与主题内容相结合，然后自然引出手机的"搬家"功能。

（2）文字图片化

图片自带场景属性，在文字无法形象表述时，直接在文案中插入图片是极为有效的方法，读者无须阅读大段文字，就能对内容一目了然。如图 5-1 所示。

图 5-1　制茶程序

图 5-1 所示为统一品牌的制茶程序内容，一共有如下 3 道工序。

一选：甄选优质茶种，茶中之王。

二作：传承＋创新，用心做好茶。

三品：闻茶香，品茶感，等回甘，好茶自然回甘。

3 道工序分别用 3 个场景来表述，从一片青绿的茶园到制茶的院子，再到品茶的铺子，生动形象，场景连贯。

图中不仅有场景，还有人物，读者仿佛身临其境，变成场景中的一员，穿行在茶园、小院还有店铺之中。这样的代入感，让书写者的表达增色不少。

### （3）对话式场景

对话就是一个天然的场景，就像影视剧本都是以对话创作各种情节。一个完整的对话自带主题、时间、人物和主要元素，阅读起来也没有难度。具体来看下面的实例。

**实例范本｜××品牌各色食品产品推销文案**

【标题】三只松鼠邀请你加入群聊，开心果管够！

【文案内容】

A：我这几天早上喜欢把坚果倒进酸奶，再配上两片全麦吐司，"早八人"的精致早餐只需要几分钟～

B：你这早饭还不够我消化几分钟的，全麦面包里面那必须夹点儿肉呀，推荐蜀香牛肉、孜香牛肚、灯影牛肉丝，最好再加点儿尖角脆，然后挤上沙拉酱，喷喷喷真香！

C：无情的加料机器哈哈哈！

D：啊！我的眼泪从嘴角流了下来～

E：我们这个群的主题就是"0卡"，大家记住，只要把包装袋一扔，妹说就是"0卡"！

从文案标题中读者便可得到一个基本的场景信息——群聊，这是大众在日常生活中经历过的，试问谁没有参与过群聊呢？文案设置的场景瞬间拉近了与大众的距离。

通过该群聊的对话，读者对主题内容一目了然，显然是关于早餐中各色品牌产品的使用，如坚果、蜀香牛肉、孜香牛肚、灯影牛肉丝、尖角脆，设置的对话人物分别发表自己的看法，自然而然地推出了企业的产品，还不露声色地介绍了食用方式。

这样使得促销的意味减弱，读者不会有太多反感，还会被对话所感染，想起自己做早餐的情境。

### （4）主体元素嵌入场景

有的书写者为了宣传企业产品，通过设置不同的生活场景引起受众共鸣，让受众代入其中，然后将产品嵌入，让受众习惯产品出现在生活的方方面面。如图 5-2 所示。

图 5-2　三只松鼠宣传文案

图 5-2 所示为文案的其中一部分内容，设置了"阿鼠"这个人物，又设置了"妈妈叫起床"的情境，可以看出该文案的受众群体大多是学生，相信大家都经历过被妈妈催着起床的时刻，让人有些烦恼同时又很温馨。

在图片场景中可以看到，促销的食品产品已经成为场景的一部分，受众在对场景感同身受的同时，又受到了潜移默化的影响。

（5）使用场景化的描述

使用场景化的描述旨在以具体的、细节的产品使用场景来告诉读者——你真的需要。书写者在选择使用场景时，要抓住读者的痛点，以生活中最需要产品的时刻来展示产品的重要性。下面的实例为心相印夏季促销文案，一起来了解一下。

**实例范本 | ××品牌夏季促销文案**

夏日攀升的气温,瓜田里的瓜已经开始成熟,引得吃瓜人跃跃欲试。夏天也被称为吃瓜季,谁能拒绝炎炎夏日,吹着空调吃西瓜呢?今天小印就带来一些吃瓜 TIPS,总有一个你会用到。

【西瓜】

一刀两半的西瓜,最不能错过的就是中间最精彩的部分,但糖分过高的汁水,让手指多了些黏黏的触感。

空调 +99.9%杀菌湿巾 =清爽一夏,天然植萃加持,滋润肌肤 0 刺激。

【西瓜汁】

高速旋转迸发出来汁水,浓缩出夏日解暑必备单品,用纸巾小心包裹满是水珠的杯壁,清凉只融在心,不冰在手。

茶语系列手帕纸 =厚实安心,4 层柔厚,湿水不破,夏日出行,1 张够用。

【电子西瓜】

网络吃瓜来得更加实在,爆瓜→实锤,一气呵成,擦亮双眼,看到就是吃到。

眼镜湿巾 =清晰无痕,1 巾多用,快干无痕,网络吃瓜更顺畅。

一年四季,夏天总会带来很多惊喜,冰镇汽水、大口吃瓜,都是专属于夏天的快乐。今日份大瓜就供应到这里,大家浅吃一下吧。

心相印纸巾品牌为了在夏季推销几款产品,以"吃瓜"为主题,选用夏日里常见的吃瓜场景。

无论是吃西瓜弄得满手污脏,还是冰镇饮料杯壁永远不散的水珠,抑或是想用眼镜时却发现镜片模糊不清,这些场景都狠狠戳中受众的痛点,让人对这些场景感同身受,对推荐的纸巾变得迫切需要。

## 5.1.2 数据的各种呈现方式

数据能够直观、科学、客观地表达内容及观点,增加文案可信度,所以书写者常利用数据内容提升文案质量,至于从哪些方面入手呢?本小节一起来看看吧。

（1）数据表格化

数据表格化即通过表格的形式展示数据，并插入文案，这样的形式让数据变得一目了然，且数据间能更好地进行对比，方便读者集中获取数据信息。如图 5-3 所示。

**返场福利一**

# 换屏低至 5 折起

| 原厂全新屏 | | | |
|---|---|---|---|
| 机型 | 折扣活动价 | 机型 | 折扣活动价 |
| A 系列 | | | |
| A5 | 259 | A9x | 299 |
| A9 | 299 | A11 | 289 |
| A11x | 339 | A91 | 379 |
| R 系列 | | | |
| R15x | 359 | R15 | 369 |
| R15 梦镜版 | 439 | | |
| R17 Pro | 609 | R17 | 559 |

图 5-3　OPPO 换屏活动宣传文案

OPPO 在国庆节推出换屏优惠活动，为了让受众感受到实际的优惠，书写者用表格的形式展示不同机型换屏的折扣价，就算信息很多，也不觉得凌乱。

（2）生活化数据

生活化数据是指更简单、直接，让大部分人都能理解的数据表达，在使用数据描述内容的时候往往不会用 kg、ml、GB 这样的量词，太过书面化。如"把 1000 首歌放进口袋里"这句广告语，形容 Mp3 的容量，比 5GB、10GB 更加形象，"1000 首歌"就是典型的生活化数据；又比如书写者要描述某产品非常结实，可承重 200kg，可用"即使 3 个成年人同时站上去也无妨"来代替。来看一个具体的实例。

冬天，最能给你带来幸福感的是什么？街角的烤红薯？玻璃窗里的热咖啡？还是一顿鲜香热辣的火锅更过瘾！咕嘟咕嘟……从身到心暖起来。

沸腾吧，1～2人小火锅。人少，懒得做饭？来顿小火锅呀，不仅解决吃饭难题，再冷的场子也能燥起来。

这是对多功能料理锅的推销文案，为了形象说明料理锅的容量，书写者用"1～2人"代替"6L"，读者立马就明白了这款产品适合个人或情侣等小聚餐使用，无须再去思考"6L"到底有多大。

同样，下面的例子也是用生活化数据，帮助读者理解书面的数字信息。

3.5L 大容量，足量面团，幸福好满。

单次可揉面1～3.5L，不管是精致两口之家，还是温馨六口大家庭。50个大肉包子、35个馒头、175个饺子，都不在话下，幸福的美味，妥妥一次搞定！

该文案是苏泊尔品牌的和面机宣传文案，在介绍其大容量的优点时，书写者用"50个大肉包子""35个馒头""175个饺子"这样的描述，直观地展示了这款和面机的"能耐"。

### （3）数据标注

要想提高文案内容的表现力，书写者还可以用数据代替形容词描述内容，大众能从数字中获取更精准的信息。如图 5-4 所示。

图 5-4　护肤喷雾宣传文案配图

图 5-4 所示为某款护肤喷雾配图，书写者在图中添加了一些数据标注，更形象地展示了产品的功效。

在描述"角质层含水量""经皮水分流失量""肌肤泛红""眼下干纹""光泽度""肌肤弹性"这些皮肤状况时，书写者没有用水润、透亮这样的形容词，反而选择非常直观的正负百分数。通过正负体现变化，通过百分数体现变化的多少，让读者能够直接感受到产品的功效，这比一些虚词更有效果。

### 5.1.3　堆砌内容不如简洁明了

很多文案书写者都会陷入一个写作误区，就是大肆渲染文案主题，加入许多相关背景故事，展示自己的写作水平，但稍不注意，文案就变得华而不实。要知道堆砌内容不是写作目的，把主题讲清楚才是最基本的目的。在没有必要作长篇大论时，简洁书写更能传递信息。

#### （1）直奔主题

直奔主题即直接说明主题，展示重要信息，不耽误读者的时间，避免读者失去兴趣。具体来看下面的实例。

**实例范本 | ×× 品牌七夕促销文案**

爱，是一见倾心的心动。

爱，是双向奔赴的默契。

这个七夕，法国美帕以爱之名，

倾献美肌爱意臻礼，

予你独一无二的高甜告白。

恰逢七夕节，法国美帕品牌为配合节日宣传产品，策划了主题为"以礼示爱"的文案。文案开头两句对"爱"做诗意的表达，接着点出品牌和主题——以爱之名、倾献臻礼，丝毫不拖泥带水。在此之后依次展示优惠产品，有意向的受众自然会选择下单。

本实例是为了迎合节日所作的促销文案，优惠和节日氛围便是吸引受众的利器，所以无须多余的描述，快速进入主题才是上选。

（2）给出解决方案

把宣传主体变成一种解决方案，直接推荐给目标群体，使得书写者不用再为写作构思而为难，简洁凝练地完成主体呈现。其常用句式为：

你想 / 当你……，你想 / 当你……，你想 / 当你……，只需要……就能做到。

具体来看下面的实例。

**实例范本｜×× 品牌白金粉底液宣传文案**

A：流星，流星，赐我一瓶零 Bug 的养肤粉底吧。

B：说出你的 3 个要求！

A：我要神仙妆效。

B：速来领取！6 大宝石精萃入妆，动态光感，隐匿瑕疵，焕现流光仙肌。

A：我要早八晚九一直那么美。

B：没问题，安排！天然橄榄石精萃，抗氧不暗沉，经久持光。

A：我还要……真奢养，不伤肤！

B：小菜一碟！白金护肤同源，SIRT 核芯抗老科技，上妆即奢养，卸妆更透亮。

A：哇，这是什么神仙粉底，也太棒了。

B：雅诗兰黛白金粉底，流光仙肌，奢养无瑕，满足你对养肤粉底的所有幻想。

该文案以对话的形式展开内容，主要对产品的功效进行说明，从消费者的视角提出 3 点要求，品牌方都逐一解决。对话结束，产品的功效也呈现完毕，简洁明了，无须多余的介绍，只需关键的 4 句话，文案主体就呼之欲出了。

"神仙妆效"

"早八晚九一直那么美"

"不伤肤"

"这是什么神仙粉底"

书写者可以借鉴这种方式来介绍产品或品牌特征，省去天花乱坠的形容，无须构思开头和结尾，直接解决用户需求即可。

### （3）文案变"考卷"

很多时候，文案书写者不必过分死板，文案有不同的表现方式，只要能表达清楚内容，选择什么表现形式都可以。如下面的实例所示的文案就别具一格，将文案变成了"考卷"。

**实例范本 | ××品牌服务科普文案**

2022年OPPO服务（全国统一考试）

注意事项：

1. 本卷为开卷考试，可随意翻看OPPO服务公众号往期内容。

2. 如果非要选择闭卷，则欢迎与周边人快乐探讨，并同时向对方介绍本O。

一、单选题（共5题，每题10分，共50分）

1. 如何成为OPPO会员？_____。

A.在任一OPPO服务门店表演倒立后方可注册

B.与任一OPPO服务工作人员发起微笑挑战

C.别废话，直接注册无门槛

2. 每月16—18日OPPO会员日活动，贴膜的价格是_____。

A.9镑15便士　　　　　　B.0元！通通0元

C.打赏贴膜O，看着办吧

3. 输入_____，就可以自主查询手机真伪。

A.高考准考证号　　　　B.95018　　　　C.IMEI号码

4. 维修手机前使用_____模式可以使个人数据得到保护。

A.维修空间　　　　　　B.舞蹈　　　　C.静音

5. 在OPPO官方服务中心，设备的维修时间通常需要_____。

A.七七四十九天　　　　B.来回翻滚三周半

C.一小时

二、多选题（共 3 题，每题 10 分，共 30 分）

1.OPPO 服务微信公众号里，你可以获得_____。

A.第一手优惠活动　　　　　　B.最新的服务资讯

C.新鲜的玩机技巧

2.手机维修中，可以通过_____，自主查询维修进度。

A.IMEI 号码，即手机序列号

B.肯定背得出的手机号和 SN 号

C.肯定背不出的十八张银行卡号

3.已购"屏碎保"，且在服务有效期（一年）内，你可以_____。

A.0 元更换一次屏幕组件

B.更换后的屏幕组件享受官方 180 天质保

C."撩"O 和被 O "撩"

三、送分题（共 1 题，每题 10 分，共 10 分）

每个月总有那么几天，OPPO 服务对用户"特别好"，是哪几天呢？_____。

A.1–3 日　　　　　　　　B.16–18 日　　　　　　　　C.32–36 日

四、开放题（共 1 题，每题 10 分，共 10 分）

当你想查询本机 IMEI 号码时，要在原始拨号键盘输入_____。

考试结束，请全体考生停止作答！先别急着对答案，今天是高考的第一天，让我们一起在留言区，给所有考生加油吧。

【参考答案】

单选题：1. C　　　2. B　　　3. C　　　4. A　　　5. C

多选题：1. ABC　　　2. AB　　　3. ABC

送分题：B

开放题：※#06#

在高考季，品牌为了配合该热门话题进行宣传推广，策划了品牌服务科普文案，并用考卷的形式表达内容，一来契合高考热点，带动氛围，二来可简洁直观地展示主要内容。

书写者将品牌为用户提供的服务，通过一道道考题进行说明，有效传递信息的同时可以加深用户的印象，让用户看到品牌的诚意。

要简洁叙述内容较多的文案，改变格式是一个重要的手段。如果一味采取"总分总"的文章结构，书写者的精力就会浪费在结构内容上，如不必要的开头结尾、多余的过渡语等。

## 5.1.4　减少长难句的使用

文案是品牌向大众展示自己的一种方式，而不是给大众出难题。减少长难句的使用，读者能更轻松地阅读。减少长难句主要有两种方式，一是从结构入手，二是从描写入手。

### （1）结构入手

在文案内容不多的情况下，一行展示一小句话，能在视觉上给予读者很强的放松感。比起满屏的字，大量的版面留白不会对读者造成压力，读者应该很乐意阅读这样的文案。来看具体的实例展示。

---

**实例范本｜OPPO 品牌优惠活动文案**

手机怎么修最快、最便捷？

当然是同城取送！

现在，同城取送服务

已经支持 Reno 系列机型，

覆盖范围也从 46 城升级到近 150 城，

本 O 还准备了一波同城取送优惠券，

6 月 6—30 日，

持续派发中！

点击即可参与抽奖，

同城取送优惠券、小 O 手办等福利随机掉落！

现如今，很多文案的结构都如同本实例一样，一句话就是一行，虽然占篇幅，但阅读起来没有难度。不过，这样的结构，书写者如何断句、从哪里断句才是合适的呢？可以考虑以下几点。

◆ 遵循阅读习惯，自然断句。

◆ 按标点所在断行。

◆ 要点内容分行展示。

◆ 时间、地点、活动名称、产品名称等可分行展示。

◆ 企业口号、企业文化宣传用语等可分行展示。

## （2）描写入手

用短句描写文案内容，需要书写者有较强的文字功底和概括能力，只展示最核心的内容，并将核心内容变成短句。来看下面实例。

**实例范本｜××品牌燕麦茶推广文案**

源于自然，呈现自然，北纬 41°阴山山脉，黄金燕麦产区。

【山】

阴山，延绵 1200 公里，海拔差高达千米，独特的气候与海拔，造就燕麦最佳生长环境。

【麦】

燕麦，五谷之王，燕雀喜食，美国《时代》杂志评选"全球十大健康食物"。

【水】

黄河九曲，唯富一套。河套平原，为燕麦提供了得天独厚的生长环境，这里的燕麦，饱满丰盈。

【茶】

燕麦茶，源自阴山，科技创新，一口好轻盈，低温萃取，每瓶含 5g 膳食纤维。

今天是端午节，吃粽子的同时配上一杯茶，是件风雅的事儿，端午安康，吃粽子，记得喝茶哟。

该文案从四个方面入手，对燕麦茶进行推广，分别是山、麦、水、茶，每一处描写都充满简单之美。书写者将每个部分的要点进行提炼，经过排列组合后成文。

文案中用了很多四字词语，可以有效凝练内容，同理，诗句的使用也能减少长难句的比例。可以看出，短句虽短，但要表达的内容一点也不少，还有效缩短了文案篇幅，如文中的第一句，若按常规写法会变得冗杂，对比如下：

源于自然，呈现自然，北纬41°阴山山脉，黄金燕麦产区。

麦子和麦燕麦茶选用的原材料源于自然，同时也是自然的最好呈现，燕麦来北纬41°的阴山山脉，是黄金燕麦产区。

要想在文案中增加短句的描写，有以下几个方法：

◆ 减少使用逻辑关联词，如"虽然……但是……""因为……所以……""不但……而且……"等，一般来说，长句才使用逻辑关联词。

◆ 多用四字成语或词语，以及诗句、对偶句等。

◆ 省略不必要的连词，如"的""于""是"等。

◆ 少用叠词，如"层层叠叠"用"层叠"表示，"仅仅"用"仅"表示。

## 5.1.5　对症下药找到目标读者

文案要想获得最大的效果，必须精准发布，找到企业的受众群体，才有可能给企业带来实际的利润。若是文案以目标群体为出发点进行写作，要如何才能吸引对方呢？

### （1）一网打尽

呈现两拨人的对立即可将这两拨人"一网打尽"，如"甜咸之争""喜欢香菜 VS 讨厌香菜""咖啡 VS 茶叶""可口可乐 VS 百事可乐"，书写者不用费心寻找受众群体，而是自己创造受众群体，让读者对号入座即可。如下面的实例所示。

**实例范本｜卫龙品牌端午节推广文案**

每年到这个时候，江湖上总是"血雨腥风"，咸甜大战一触即发。南北"战士"纷纷拔剑，为捍卫荣誉而战。

Round 1

【甜粽党】粽子就应该香甜软糯，甜甜的蜜枣粽谁不爱呢？

【咸粽党】还是咸的好吃，你试试看，一次就会爱上！

Round 2

【甜粽党】粽子还想吃咸的？为什么不直接吃肉包子呢？

【咸粽党】是肉配米饭下饭，还是甜食配米饭下饭？

Round 3

【甜粽党】北方人表示没来南方上学前，没听说过粽子有咸的。

【咸粽党】南方人表示没去北方上学前，没听说过粽子有甜的。

Round 4

【甜粽党】我不管，粽子就应该吃甜的！

【咸粽党】我不服，甜粽子都是异类！

每一年，关于粽子口味的争吵都没停过。给大家科普一个冷知识，粽子最早不是拿来吃的，而是投进河中，保护屈原的尸身不被鱼虾啃食，就更谈不上咸 / 甜的口味了。其实，无论喜欢吃什么口味，都是个人的喜好和选择，更没有高低贵贱之分。

人生如粽，可盐可甜，管他什么口味，开心万岁。如果你还是很纠结，不如试试辣条粽子，先申明，我不是来拆散这个家的，我是来加入这个家的。

龙哥知道大家都想问什么，统一回复，今年确实没有辣条粽子了，这里可以投个票，票数多的话，明年辣条粽子给大家安排上。敬祝各位，端午安康，假期快乐，欢迎来微博找龙哥玩儿。

该文案是端午节的推广文案，为了吸引更多的读者，书写者以粽子的"甜咸之争"作为切入点，分别介绍甜粽党和咸粽党，读者自然会代入对应的群体中，并加入讨论。提高读者参与度的同时，顺便提高了文案的接受度。

虽然以"甜咸"对立作为噱头，但书写者不会排除任何一方人群，反而可以将双方群体都吸引过来，进而引出后面的内容，即辣条味的粽子可行吗？顺理成章地与读者互动，达到推广目的。

（2）"问题"目标

"问题"目标人群是指近视、免疫力低下、鼻炎或敏感肌等有明显特征和需求的人群，这类人群的痛点非常明显，并亟待改善，针对这类人群创作文案内容，一定能提高品牌关注度。

如下面的实例所示为心相印湿厕纸宣传文案。

**实例范本｜××品牌湿厕纸宣传文案**

我，作为一个热爱工作的好青年，经常一坐就是一整天，一天喝不了半杯水，爱吃辣却不顾 PP 的感受，不幸加入了有"痔"青年行列。

从那之后，小印真的再也不敢久坐了，还开始认真研究起了预防和康复痔疮的有效方法，发现除了坚持提肛训练和注意饮食之外，原来菊部的清洁也很重要。

有"痔"青年们上厕所的痛与泪，只有他们能懂，每次擦 PP 带来的酸爽体验，以及残留的细菌，简直让他们"菊促"不安。

一键解救有"痔"青年……

心相印小刘鸭湿厕纸，99.9% 杀菌，有效消灭 99.9% 以上金黄色葡萄球菌、大肠杆菌等常见细菌，细腻护"菊"，菌菌不留。

该文案以"有'痔'青年"的需要作为宣传点，推出品牌产品，按照以下顺序进行书写：

问题起因→解决方法→带来的不便→产品介绍

将受众人群的痛点直接抛出，当然能打入他们的内心，让他们接受品牌产品。这时，企业推广的产品不再是"商品"，而是"解决方案"。

（3）划分性别

品牌市场也是有性别之分的，如剃须刀产品市场以男性主导，卫生巾产品市场以女性主导，只有清楚品牌的市场定位，才知道企业文案应面向男性还是女性。性别不同，关注点不同，写作要点也不同。如下面的实例所示。

**实例范本｜××品牌产品推广文案**

【标题】不同女生第一次来姨妈的反应！你是哪一种？

**【文案内容】**

与大姨妈的初次邂逅，可能是女孩子们一生难忘的回忆，比如高小洁同学……

怎么样，是不是依稀看到了你的影子？其实，只要学习过生理期的相关知识，女孩子们对于大姨妈，可能更多的是好奇甚至有点小期待，而不是感到恐惧，不知所措。

大姨妈并不可怕，有高洁丝的陪伴，生理期一样可以自在闪耀！观看文中视频，为视频"点赞"并截图，点击下方参与抽奖并上传截图，随机抽取50位……

这是一则卫生巾产品的推广文案，从标题开始便将受众群划为"女生"，并以女性经验作为文案主题，能够引起女性群体的共鸣，拉近与女性用户的距离，达到推广的目的。

## （4）职业人群

人的职业各式各样，有工程师、教师、厨师、律师、设计师、销售、维修工等，不同职业的人群会对不同内容产生关注。要吸引相关职业人群，就要找到他们感兴趣的内容，以此为载体阐述企业文案主题。来看下面的实例。

**实例范本｜××品牌四季宝推广文案**

川菜只是麻辣味？错了！川菜之魂大有学问。纵观餐饮市场，要问屹立不倒的C位，只需打开各大美食App，牢牢霸占榜首的火锅、串串、川菜馆——答案当然不言而喻！热辣而淋漓尽致的味觉体验，让川菜征服了无数食客。

据统计，2021中国菜系品类占比中，川菜以12.4%的占比居八大菜系之首，国民第一菜的至尊地位当之无愧！（数据来源：中国连锁经营协会《2021中国连锁餐饮行业报告》）

虽然川菜市场蒸蒸日上，但万店一味的川菜馆，哪能留住食客本就飘忽的心？除了讲究麻、辣以外，"香"也是考量一道川菜合格与否的重要标准！花生酱的加入，不仅可以去腻，还能让菜品的香味更突出、留香更持久！风靡全国的口水鸡、钵钵鸡、干锅牛蛙，在调味过程中都少不了花生酱的助阵！

四季宝花生酱，川菜大师都背书过的增香秘密武器，教你解锁新潮川菜的正确打开方式，奇妙复合味，老中青通吃，兼顾新潮与传统，让食客吃出新鲜，助你突出重围！

······

浓郁花生香，开启川菜新时代！道道热卖，解锁揽客新秘诀！更多详情，请扫码联系大区经理了解。分享本期精彩内容，给你的厨师兄弟们吧！

该文案的受众群体是厨师，尤其是川菜厨师，因此全文以"川菜"作为主题，分 3 个部分书写：

◆ 介绍川菜在市场中的受欢迎程度。

◆ 说明制作川菜料理缺一不可的调料——花生酱。

◆ 推出品牌特质花生酱——四季宝。

书写者首先对川菜的市场表现进行介绍，用时事新闻吸引厨师群体，然后一步步吸引厨师群体对文案内容产生兴趣。

## 5.1.6　搞笑风格更接地气

搞笑风格的文案可以说对大部分读者都有吸引力，同样也适合多种品牌，但该类型的文案具有一定挑战性，很容易让书写者陷入"自己觉得有趣，读者看了摇头"的尴尬境地，一不小心玩笑开过头了，还有可能陷入歧视、低俗等负面影响中。下面我们来认识一些不同的搞笑写作手法。

### （1）年轻化用语

其实，在社会生活中，学习年轻人的语言是一种潮流。而年轻化的用语有一个很大的特点便是推陈出新，改变了以往的文字结构与含义，有新意、有创造力，也有趣。

在文案中运用年轻化用语，可让文案风格焕然一新。下面通过具体的实例进行了解。

**实例范本｜××轻食食材推广文案**

现在的年轻食客，饮料要无糖的，零食要低卡的，但遇上春节元宵，再自律的人也只能说："减肥大业还是留给年后的自己吧！"

放飞自我的日子转瞬即逝，摄入脂肪的小罪恶感悄然而至？想寻觅一份清淡又可口的美味？万千烦恼，唯"轻"不破，上新轻食菜谱，助餐厅赢下新年第一笔好生意！

荷美尔这几道节后爆卖的网红轻食菜谱，抓住时机赶快 Get！

……

该文案风格轻松搞笑，抓住在年轻群体中普遍存在的现象加以描述，自然能引得年轻人会心一笑。除了对热点现象的利用，书写者还可以通过以下两点技巧来做到年轻化。

一是使用新词。如"低卡""减肥大业""放飞自我""小罪恶感""Get"，这些词在年轻群体中使用非常频繁，年轻人一看到就觉得熟悉，中老年人看了也会有新奇之感，更觉有趣。

二是用好流行梗。化用热门的影视剧台词，最能引起年轻人的共鸣，如"万千烦恼，唯'轻'不破"，相信大家一下就知道是哪部电影中的名台词了。

### （2）改变字词用法

书写者通过改变约定俗成的字词用法，让文案表达别具一格，既能让读者看到内容的亮点，同时又突出了表达的新奇有趣。

一起来看下面的实例。

**实例范本 | ×× 品牌产品推广文案**

不带杀菌湿巾的话，99.9% 以上的细菌就没办法退退退退退。

要是不用湿厕纸蹲坑，就体验不到屁屁的舒爽爽爽爽爽爽。

没有常备提神湿巾，就会一直困困困困困困困。

如果没有用厨房湿巾收拾的话，只能被油油油油油油油包围。

心相印纸巾致力于让大家在生活的每时每刻，都能享受到最舒适的使用体验。

本文案中向大众推荐了 4 款品牌旗下的纸巾产品，为了让大众对每款产品的特点快速了解，书写者用单字叠加的表达聚焦要点内容，就如同为文案内容添加了高亮效果。

除此之外，叠加单字在视觉上如同连珠炮一样，自带幽默效果，在发音上又如 Rap 一样节奏感十足，文案极具感染力。

### （3）网络段子

借助在互联网中引起大众关注的搞笑段子，为文案增添趣味性的同时，也能引起更多的关注。如下面的三只松鼠品牌征文活动文案。

**实例范本｜三只松鼠品牌征文活动文案**

哈喽宝子们～这里是领导新批给阿鼠的一块地，让阿鼠和宝子们在这里，大开脑洞、放飞灵感、畅所欲言、胡说八道……呃，嘴瓢的了，拉回来哈。游戏规则是这样滴：

阿鼠给出一个故事开头，你们往下接，脑洞越大越好，篇幅不限，文体不限。作为对优秀创作者的奖励呢，阿鼠会把最近淘到的一些好玩的小登西（具体是啥阿鼠暂时不说嘿嘿），作为脑洞奖励送出！哪～本期的故事开头是：

一觉醒来，我发现自己变成了……

就怕大家拘束放不开，阿鼠这里给大家打个样哈：

【01】一觉醒来，我发现自己变成了一只獾，开心地在一片丰收的瓜田里上蹿下跳。

【02】一觉醒来，我发现自己变成了一只蚊子，专挑街上成双成对的叮。

……

阿鼠温馨提示：评论区不是无人区，请大家文明开脑洞，礼貌写故事，蟹蟹～

为了与消费者互动，有的品牌会定期举行各种活动，本文案是对征文活动内容进行的介绍。为了勾起读者的兴趣，全文采用轻松搞笑的风格，无论是用词还是叙述语气都不拘泥于传统的写法，多次运用网络热门段子和语气助词，改变行文风格，让读者觉得可爱有趣，更想积极参与。

# 5.2　文案的修辞表达各有花样

修辞手法可以增强文案表现力，在书写文案的时候，创作者一定不要忘记各种修辞手法的运用。不过也不能生硬使用，要结合文案的主体和背景恰当使用，才能发挥出好的效果。

## 5.2.1　拟人让商品角色扮演

拟人是文案写作中常见的修辞手法，指把事物人格化，将本来不具备人的动作和情感的事物变成和人一样具有动作和情感的模样。在企业文案中，书写者常把产品或品牌的某项特点人格化，让读者感到所描写事物的具象效果，更显文案生动形象。那么，具体的写作手法有哪些呢？

### （1）产品角色化

通过为产品打造人设，可将产品的特点具象化、生活化，让大众更好地理解与接受产品，并通过产品人设熟悉产品。

通过下面的实例来了解产品角色化的具体运用。

**实例范本｜××品牌辣味食品推广文案**

逍遥的假期即将退场，新学期的钟声已经敲响！同学，你好！快来查收你的录取通知书～

亲爱的：很高兴通知您，您已经被卫龙魔辣大学录取。开始你的"魔辣"之旅吧！

本文案设置了"魔辣大学"这样一个背景，将要推广的辣味食品变成不同的角色，辣条是辣条学院的院长、海带是海带学院的院长、卤蛋是卤蛋学院的院长，并为每个产品制作了角色卡片，展示每个产品的特色。

通过丰富产品角色的设定，让产品更加人格化，也更生动形象，这些产品就像身边的朋友，亲切可爱，使得读者为之赋予一定的情感，不会排斥这样的推销。

除了品牌自己创造角色外，还可以利用热门影视剧中的角色设定，为产品赋予人格化特征，大众不觉陌生，更显亲切。

如下面的实例所示，读者可从文案中找到大热电视剧的影子。

**实例范本｜××品牌坚果产品推广文案**

大家平时爱看的宫斗戏，总有各宫娘娘花样争宠，如果坚果王国的后宫也有"宫斗"，各位坚果妃子会如何争宠呢～

一、乌拉那拉·夏威夷果·夏妃

若说今年伴驾出游，那必是我夏妃啊，来自澳洲的我可是肤白、貌美、大长腿，所到之处还能留下甜香味道，宫里宫外可都有着超高人气呢～

二、瓜尔佳·开心果·心妃

这都秋天了，夏姐姐快歇歇吧，再说出游以赏美景为主，谁还看你啊，我就不一样了，我每天都在传播快乐，圣上有我相伴一定龙颜大悦。

三、钮祜禄·腰果·腰妃

长得好和会讲笑话算什么本事啊，我在越南的时候可是学过孔雀舞，以我这嬛嬛一袅楚宫腰舞上一段，那现场必定惊鸿无数～

四、富察·巴旦木·巴妃

天下人都知道我巴妃特有才华，若是以本宫的琴瑟之音，配上秋天的湖光山色，那才是真正的良辰美景赏心乐事呢～

该文案为4款坚果产品赋予了不同的角色设定，都是大众熟悉的影视人物设定，能够积极带动读者的阅读兴趣，还能自然地引出产品的优势，达到宣传的目的。

## （2）让产品自我介绍

让产品自我介绍，就像直接与读者对话一样，这样的写作视角会让读者感到亲切与鲜活，从而有效地建立双方的联系。具体来看下面的实例。

**实例范本｜××品牌杀菌湿巾推广文案**

欢迎来到心相印杀菌湿巾实验室，我是本次的讲解员，代号 001，咱作为一个合格的杀菌湿巾，是经过了层层把关检测，才来到你们身边的。

无纺布，选取 60 克 / 平方米的优质无纺布，给肌肤柔厚呵护。

药液配方，每一片湿巾的药液配方，都要符合严苛的欧盟标准，高达 280% 的含液配比，片片水润充足，恰到好处的滋润，擦拭更舒适。

99.9% 杀菌率，我们可以通过破坏细菌的细胞膜，有效杀灭细菌敌群，还经 SGS 认证，对金黄色葡萄球菌、大肠杆菌的杀菌率达到 99.9% 以上哦，这样才能让大家远离细菌侵袭，时刻安心。

皮肤刺激性，我们不添加酒精、香精、荧光剂和漂白剂，通过皮肤刺激性测试，温和不伤肤。

医护级认证，我们的成分经过医护级，17 项安全指标检测，达到国际标准的 10 倍，用医护的标准，守住健康防线。

该文案主体为杀菌湿巾，自称是讲解员，为读者讲解检验工序。比起第三方的说明，以第一人称做自我介绍，中间没有任何隔阂，也不用任何引言或过渡，就像与人打招呼一样开始，同时自然地引出下文。

## （3）赋予人类行为

人类有很多行为，如运动、看电影、购物、旅游等都是人类特有的生活方式，书写者可以通过赋予事物人类的行为，完成拟人修辞的运用。如下面的实例中以个人简历来展示产品。

**实例范本｜××品牌纸巾促销文案**

当代打工人有多"真实"，入职前后的两副面孔展现得淋漓尽致。

入职前：简历上【精通 Excel】

入职后：某度搜索怎么合并单元格

真真假假，假假真真，职场/生活不想来虚的！心相印才SZD（是真的）！

真·实力！不止柔韧！

心相印云感柔肤抽纸.doxc

姓名：心相印云感柔肤抽纸

生日：2022.07.06

成份：100% 原生木浆

昵称：云感柔肤、0 胶纸

身份证号：DT18100

毕业院校：心相印柔韧学院

真·实力：更健康、不易破、全天然

心相印云感柔肤，真实力无惧考验，全心全意给全家，更放心的用纸体验。

为了对产品进行促销，书写者以热门话题"打工人"作为引子，吸引相关群体，根据打工人在简历中美化自己的普遍现象，与产品进行对比，告诉读者品牌旗下产品从不弄虚作假。

然后甩出一份名为"心相印云感柔肤抽纸"的文档，以简历的形式介绍该产品，与文案开头打工人的内容相对应。

简历包括姓名、生日、成份、昵称等内容，详细介绍产品的同时，让产品形象跃然于纸上，俨然是一个"打工人"，而且是表里如一的打工人。

## 5.2.2　排比增强文案感染力

排比是把结构相同、相似、意思密切相关、语气一致的词语或句子成串地排列的一种修辞方法，利用词组或句子并排（3句或3句以上），又或者段落并排（两段即可）的方式，达到一种加强语势的效果。

排比修辞运用在文案中可以"增文势""广文义"，带有列举和强化的性质。至于如何呈现排比效果，完全表达文案信息，书写者可以参考以下几种方式。

（1）图片排比

图片本就是用于增强文案表现力的，若用连续几张图片对同一主题进行说明，可产生较强的视觉效果。但书写者也不能因为追求视觉效果，一味地增加配图数量。要进行图片排比需要满足以下几个条件：

◆　文案中传递的信息较多。

◆　图片表达的内容不同。

◆　图片与图片是并列关系。

如图 5-5 所示为 OPPO 手机屏幕保护科普文案配图。

**图 5-5　手机屏幕保护科普文案配图**

该文案围绕屏幕保护这个主题展开了详细介绍，并分为了购买新机时、日常使用中、屏幕损坏后这 3 个阶段。

在提到屏幕维修地点时，图中特意提出不能送交第三方小店 / 平台维修，会有 3 大风险，随后用 3 张图片并排呈现，一来非常形象，二来可增强警示作用，读者印象深刻才不会轻易犯错。

（2）元素排比

除了文案配图外，书写者还可设计各种图形或卡通形象丰富版面，让文案不至于太过沉闷。图形元素的排比能让版面呈现统一性，视觉上更加整齐，同时有助于突出内容。如图 5-6 所示。

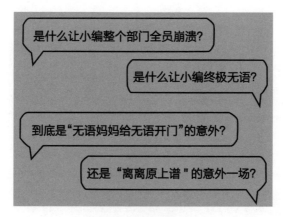

图 5-6　图形元素排比

图 5-6 用对话框图形来展现文案内容，更具吸引力和可看性，若按如下方式呈现，则显得平平无奇。

是什么让小编整个部门全员崩溃？

是什么让小编终极无语？

到底是"无语妈妈给无语开门"的意外？

还是"离离原上谱"的意外一场？

况且形式上的相同，增加了内容的排比性，对话框排叠而出，表现力强劲，加重了问句的语气，读者很容易被文案表达的情绪所感染。图 5-7 所示同样是文案图形元素的排比，每个图形元素都代表一项优势，读者不仅可以对产品优势一目了然，还可以切实感受到数量的多寡。

图 5-7　产品优势展示

## （3）单句排比

单句排比以整句作为一个单位进行排比，每句的结构简单，方便读者接收关键信息。具体来看下面的实例。

**实例范本｜×× 品牌麻酱凉皮年度促销文案**

统一麻酱凉皮，不爽不要钱，就在今天。

1. 价格爽，第二件立减 8 元。

2. 礼物爽，买两件送多功能双层滤水碗。

3. 口味爽，麻酱醇香浓郁、劲道滑爽。

该文案主题是"麻酱凉皮的年度大促"，因此文案对三大卖点进行说明，以吸引各大消费者。从句式设计来看，都以三字短句开头，提出内容要点分别是价格、礼物、口味，然后再做具体介绍，节奏鲜明，结构一致，形成排比效果，直接、简单又有效地表达了主题。

## （4）连续的问句

有的文案用一连串的问句开头，严格来说并不算排比，但是这样的表达效果与排比非常相似，通过下面的实例感受一下。

**实例范本｜×× 品牌直播活动预告文案**

最近大厨们的脑袋里是不是满是问号？

食物的品质和口味如何扛住至少半小时的快递？

午餐高峰怎样做到快速出餐？

什么样的菜品能抓住女性消费者？

餐饮门店外卖怎么吸引更多的食客点单？

如何制定健康诱人的季节性菜单？

……

如何在竞争激烈的工作午餐市场中突围？

1. 提高备餐速度。

2. 准备适合外送的菜品。

3.顺应潮流丰富食材。

4.打造高颜值菜品。

除了上述四条"游戏规则"外，想要抓住工作午餐市场来提升营业额，还有许多知识点需要掌握，而且相信大家也还有其他困惑。想要了解更多干货就来荷美尔专业餐饮直播间找答案！

明天，荷美尔将邀请专业大厨就大家关心的餐饮话题展开深度对谈，分享干货，同时还将推出三款富含高蛋白的"利器"单品——焕彩养生沙拉、云朵舒芙蕾、三色手卷为大家带去更多烹饪启发。

上面的实例是企业提前预告直播活动的文案，因此文案内容与直播活动相互关联，主要介绍工作午餐市场的发展与变化。文案开头用一连串的问句勾起受众群体的好奇与思考，同时对工作午餐市场的很多问题进行呈现，读者能够从这些问句中明白工作午餐市场需要变革与创新，从而对直播活动产生较高的兴趣。

问句的并排使用让文案的节奏感加强，询问的气势与语气也增强了，因此对读者的影响更大。

### （5）数字排比

数字能直观传递文案信息，将数字以排比的形式运用于文案中，可将说明对象数据化，帮助读者从更实际的角度理解该对象。具体如下面的实例所示。

**实例范本｜××品牌企业活动文案**

饮食文化需要积累传承，也需要演化创新。在这个餐饮业亟待变革的特殊时期，酒店餐饮业博览会的行业先锋——HOTELEX 迎难而上，8 月 13—15 日，在成都世纪城新国际会展中心上演了一场精彩纷呈的美食盛典。作为餐饮行业创新创意的先锋，荷美尔亦有参与其中，鼎力相助。

2020 成都国际酒店用品及餐饮博览会（以下简称"2020HOTELEX 成都展"）是今年国内第一个线下餐饮博览会，展会全新升级，以"食'链'西南"为主题，顺应市场潮流导向。

50000+ 平方米展区面积

10000+ 种产品

600+ 家优质展商

15+ 场精彩活动

300000+ 专业观众

此次展览由"中国旅游饭店业协会等餐饮行业先驱＋展览行业强强联合"为其背书，更获得四川省旅游饭店行业协会、成都餐饮企业联合会的大力支持，布局西南地区，影响力辐射全国餐饮市场。

如此规模的美食交流强大平台，同样离不开诸多餐饮人的鼎力相助。展会上的一大亮点便是汇聚行业上下游的展商，数百家展商竞相展示，囊括餐饮设备、桌面用品、火锅食材、连锁加盟、食品与饮料、酒店布草及纺织品、餐饮食材、调味品、火锅设备及用品等领域。从中可了解行业趋势，窥见未来酒店及餐饮行业新动态。

该文案对品牌参与的活动进行介绍，向大众展示品牌的影响力以及在行业中的地位。

文中用 5 项数据来介绍展览活动，让读者从不同的方面了解展会的规模，面积大、产品多、展商优质、活动丰富、观众众多，数据的叠加让内容变得集中，表达的逻辑更为具体清晰，读者的感受和印象都更为深刻。

## （6）标题排比

若是文案分几个部分，或是以不同的观点进行阐述，书写者可为对应的部分拟写小标题。如果想要加强整体性和连贯性，则可用相同的结构设置小标题。

下面通过一个实例进行详细了解。

**实例范本｜×× 品牌产品宣传文案**

夏天除了空调、WI-FI、西瓜，还需要小印这个顶呱呱，带你解锁夏日"小心机"。

◆　温柔"小心机"

心相印云感柔肤，柔软新体验，无添加化学黏合胶，如云般亲肤享受。

◆　洁净"小心机"

心相印厨房湿巾，洁净去油污，9 倍清洁力，去污一"布"到位。

◆ 清爽"小心机"

心相印湿厕纸，SPA级舒爽，甩开闷热黏腻，如水洗般清爽洁净。

◆ 提神"小心机"

心相印提神湿巾，赶走困境，添加清凉薄荷，一抹提神解乏。

本文案以"小心机"为文眼贯穿全文，推荐了4款不同的品牌产品，每款产品都有对应的标题，分别是：

温柔"小心机"

洁净"小心机"

清爽"小心机"

提神"小心机"

标题格式统一为"二字形容词＋小心机"，既能通过前面的二字形容词代表每项产品的特色，又能通过"小心机"一词保持全文结构的统一和连贯。读者既可一下子获取关键信息，又因标题的排比效果提升阅读体验。

## 5.2.3　对偶提高文案传播性

在前面的章节中有提到过对偶这类修辞手法，从意义上讲，对偶句前后两部分密切关联，凝练集中，有很强的概括力；从形式上看，前后两部分整齐均匀、具有节律感。书写者可以通过诗句化用，或是编写字数相等的句子达到对偶效果。

### （1）诗句化用

诗句化用就是将诗词歌赋这类作品化解开来，根据表达的需要，再重新组合，灵活运用，形成一个有机的整体，帮助书写者表达情感，渲染氛围。诗句化用不受时间和空间的限制，既是语言的创新，又是思维的提升。

下面通过一个实例来感受诗句化用的表达效果。

**实例范本 ｜ 卫龙品牌中秋辣条宣传文案**

【标题】花好月儿圆，人满辣条全

【文案内容】

八月十五，月亮很忙，龙哥替月亮跟你说一句："团圆快乐。"

◆　中秋团圆

秋眠不觉晓，人人放假了。

赏月饭桌上，卤蛋不能少。

◆　中秋红火

床前明月光，有辣条没包装。

举头望明月，低头闻辣条香。

◆　中秋快乐

我有一根辣条，不知与谁能共？

多少秘密在其中，送辣条之人能懂。

辣条外情深义重，辣条内目的重重。

迎来送往惧无踪，徒留一帘幽梦！

◆　中秋大礼

西草微风岸，今年送礼多。

何物能摆阔？辣条最出色！

该实例为中秋节的宣传文案，由于主题的特殊性，书写者在文中化用了不少诗句与歌词，用对偶的结构增强阅读的节奏感，以此渲染中秋节的节庆氛围。

在化用诗句的时候，书写者很巧妙地将品牌产品放置其中，既迎合中秋主题，又不露声色地加强读者印象，潜移默化地影响读者。

（2）字数对等

对偶首先就要满足字数相等，在字数相等的情况下，若能做到押韵就更好了。不过，在日常的企业文案书写中，能够编写字数相等的句子提高文案节奏感就已经很不错了。当然，对偶的字数是不受限制的，可以是四字对偶、五字对偶、六字对偶、七字对偶……只要不过于复杂即可。具体来看下面实例中的中秋福利活动文案。

**实例范本｜××品牌中秋福利活动文案**

情满中秋，花好月圆

又是一年中秋时

月之圆，兆美满团圆

思之浓，彰人间真情

法国美帕 MEDSPA 与你共度佳节

揽月光入怀，为美丽加冕

趣味猜灯谜，解锁限定惊喜

月至中秋，人间盛景

9月10～12日，法国美帕官方社群发起"中秋猜灯谜"活动，每日一条灯谜，解锁限定惊喜福利。

该文案以中秋为主题，向大众介绍企业的福利活动。文案中分别运用了四字对偶、五字对偶和八字对偶，为内容增添了几分诗意，同时用"花好月圆""团圆"等字眼渲染思念之情，让读者沉醉在秋思的氛围中。

文案中多处使用对偶表达，使全文篇幅大大减少，阅读起来更朗朗上口，信息和情感的传递也更显简单直接，让文案多了几分与众不同。

## 5.2.4　通感让商品与众不同

通感又叫"移觉"，是在描述客观事物时，用形象的语言使感觉转移，将人的视觉、嗅觉、味觉、触觉、听觉等不同感觉互相沟通、交错，彼此挪移转换，将本来表示甲感觉的词语移用来表示乙感觉，使意象更为活泼、新奇的一种修辞格式。

在通感中，颜色似乎会有温度，味道似乎会有形象，冷暖似乎会有重量。下面通过几个实例，来具体了解文案中的通感表达。

**实例范本｜××品牌夏季促销文案**

【标题】请问！谁能在夏天拒绝白白的东西呢？

【文案内容】

白是这个世界上最特别的颜色，当它和夏天结合，就变成一件白色衬衫，伴着微风散发着淡淡的香气。

当它和孩子结合，就变成了最纯真的童年，像一张没有被上色的卡片，我们用蜡笔一笔一画勾勒出它多彩的样子，无忧无虑，充满幻想，但"白"也代表了清凉，今天请和小印一起用"白"来一场夏日消暑大作战。

清凉冰淇淋——心相印云感柔肤系列，0 化学粘胶，湿擦不掉屑，棉柔更亲肤。

夏日空调房——心相印小刘鸭湿厕纸，特别添加艾草精华，有效去除异味，摆脱夏日黏腻。

夏日露营——心相印 99.9% 杀菌湿巾，水刺无纺布，柔韧厚实，多种需求，一"布"到位。

夏日消暑目标已达成，冰淇淋、24°的温馨空调房，这些专属于夏天的白色，给你独有的安心、清凉。

品牌的纸巾产品有项共同的特点就是白，该文案也以"白"为主题，将各款产品串联起来。在文字表述上，书写者将白色与干净的衬衫、童年的美好时光、清凉的夏季联系起来，让读者不仅仅看到白色，还感受到其他的美好感觉。

仅仅一个"白"字就能将清凉舒适与所有产品关联起来，这就是通感的妙用，产品的优势瞬间立体起来。

颜色不仅可以表达感觉，还可以表达抽象的概念。如下面的实例所示为心相印限时促销活动文案，用不同的颜色表达爱情。

**实例范本｜××品牌春季促销文案**

被阳光照耀的日子，一切都是五彩斑斓的，那大概就是春天应该有的样子吧。春天来了，该开始谈一场甜甜的恋爱了，好像春天就应该跟爱情有关系，春天是彩色的。

那么，爱情应该是什么颜色呢？是干净纯洁的白，是温暖明亮的橙，是热烈浪漫的红，是各个颜色的总和。

是生病时的粉色关心，每次感冒他都会给我准备，心相印婴儿保湿纸面巾，添加进口乳霜，亲润温和，让我告别红鼻子。

是陪伴的绿色瞬间，我特别喜欢和他一起看感人电影，每次哭得稀里哗啦，都用心相印云感柔肤纸巾擦拭，纯物理压合不含胶水，柔软亲肤，像他一样温柔。

是三餐四季的红色日常，自从在一起后，他就很少让我进厨房，他是真的很会做菜，但我知道佳肴的背后，还有需要收拾很久的油腻厨房，所以给他买了心相印厨房湿巾，9倍去污力，一张就搞定，还添加椰子油精华，温和不伤手。

或许爱情就是五彩斑斓的总和，藏在了这些纸巾里，包含在点点滴滴的日常里。爱情之所以美好，在于它折射出每个人不同的人生面，倒映出不同的色彩，但不管是什么颜色，它都是你独一无二的故事。

为了迎接春季促销，企业选用"爱情"作为主题进行促销文案策划，并用不同的颜色来诠释爱情，推出对应的产品。

文案开头用春天的到来，自然引出爱情话题，通过诗意的描写告诉读者爱情可以是各种颜色，每种颜色对应不同的产品包装，让读者看到爱情之美的同时，也看到品牌产品的作用，为爱情增色。

在浓情蜜意的描写中，读者也会深受感染，克服了知觉感官的局限，愿意接受嵌入其中的产品，这便是通感表达的魅力。

除了颜色外，气味也是通感修辞中常用到的元素，与香味有关的洗护用品、化妆品、香水等产品可借用此手法。下面通过一个实例来具体了解。

**实例范本** | **××品牌新香预告文案**

【标题】在三月，闻见一抹春意

【文案内容】

二月日照变长，气温开始慢慢地爬升，于是，身体也跟着苏醒了。想象在晨雾微光里，途经一个花香味飘散的花园，有待放的花苞和沾露的绿叶，吸一口春天的气息。

这样的香味被我们收进了香氛沐浴露里，chillmore的第7款香来了。

新香的灵感来自春天，但与你们想象中的春天又有些许区别。它并没有那么浓烈的春光，更多的是带着雾气，带着一丝静谧。

新香打磨了很久，从选定香调到命名，反复斟酌。为什么叫薄雾花园？花园是色彩诞生的地方，它的美在于精心考究的不规则。有清爽的空气，有清甜的花香。我们创造的花园，更像是早间雾气朦胧的样子，可以闻到青草叶的气息、慢慢去感受花苞绽放。

······

这份春天的美好迫不及待想与你们分享，搭配薄雾花园湿漉漉的早春气息，我们第一时间将它与香氛沐浴露相结合，带来一点愉悦身心的小惊喜，如果你被薄雾花园打动，可以参与今天的互动，希望也能收到你们最真实的反馈噢。

本文案的主体为"香"，书写者没有将重点放在香调的描述上，也不具体书写前、中、后调，而是用既具体又模糊的概念来表达香味——春天的味道，在标题中运用通感，告诉读者"春意"也是可以闻到的。

正文围绕"春意"展开描述，通过晨雾、花园、露珠、绿叶和花苞共同绘成春日画卷，引出这款新香的名字"薄雾花园"。企业要推销产品的味道，比起其他特质更难，看不见、摸不着，即使使用图片、视频也很难表现出来，所以文案的描写就更为重要了，将香味转变成耳熟能详的概念或画面，让人感知到，就好办多了，这也是通感修辞使用的意义与目的。

## 5.2.5　比喻让抽象具体

比喻也是常见的一种修辞手法，用跟甲事物有相似之点的乙事物来描写或说明甲事物，也就是说找到甲事物和乙事物的共同点，揭示甲事物中暗含的乙事物身上不为人所熟知的特征，进而对甲事物有不同于以往的重新的认识。

构成比喻的内容上有 3 个要素，一是思想的对象，即本意；二是另外的事物，喻意；三是两事物的类似点（共同处或相似处）。文辞上分为 3 个成分，即本体（被比喻的事物或情境）、喻词（表示比喻关系的词语）、喻体（打比方的事物或情境）。在文案中运用比喻手法，能够增添丰富表达，方便读者理解，下面来看不同的用法。

### （1）以物喻人

通过更有趣、更生动的意象来展现人物的特色，让读者一下子就明白人物与情境的塑造。如下面的实例所示。

**实例范本│××品牌提神湿巾促销文案**

快乐的时间总是很短暂，就像过年假期一眨眼的工夫就结束了，打工人们纷纷回厂打工，但是，今天办公室遍地的猪牛鹅，属实让我震惊了。

◆ 社鹅，笑出鹅叫

可能是过节的喜悦还未褪去，返工第一天根本无心工作，摸鱼的快乐大概从工位上时不时发出哈哈哈的鹅叫声，就能感受到。

◆ 社猪，吃成小猪崽

大概是春节期间的丰盛伙食，体重升了，还把胃都养胖了，嗷嗷待哺的胃＋同事们带的家乡特产，简直就是一拍即合。

◆ 社虎，一身虎气

总有些人对生活充满仪式感，新年第一天不仅全身虎年元素，还把工位装扮得虎里虎气，最后再发个朋友圈炫耀一波。

◆ 社狐，困成藏狐

最典型的节后综合症应该就是犯困，打工人们表面认真工作，实际眼睛已经困成眯眯眼，给个床马上能睡着。

果然节后综合症来势如猛兽，该拿什么拯救不在状态的打工人呢？

开年提神，心相印 wake up 提神湿巾，清凉薄荷香，一片提神，不含酒精，温和无刺激，解救上班没精神、开会没状态。

文案主题为"节后综合症"，为了生动展现节后各种上班族的状况，书写者选用鹅、猪、虎、狐这几类动物，为打工人分类，并渲染其各自的特点，绘成一幅节后职场图景，让同为打工人的大多数读者产生共鸣。

接着针对节后综合症，书写者向读者提出了解决方案，即品牌提神湿巾，全文逻辑顺畅，有因有果，且描述开放、形象，让人忍俊不禁。

## （2）以物喻物

以物喻物，即物品间的替代，用另一件物品代替表达文案主体的特质，当然，这种特质必须非常明显，能让人直观感受到。具体来看下面的实例。

**实例范本 | ××品牌泡面促销文案**

【标题】泡面中的爱马仕，居然出国潮礼盒了！

【文案内容】

故宫火、汉服热，国漫更是创出破纪录票房。近年来，国潮是真的忙（中国传统文化，忙点好）。泡面中的爱马仕——满汉大餐，根正苗红国潮范儿。

潜心二十年，推出国潮礼盒，肉眼可见中国风。

……

当打开礼盒的一瞬间，独特的3D设计瞬间展开，仙鹤、牡丹、阁楼、梯田、荷花……张若虚、辛弃疾、苏轼的诗词，每一个角落，每一份精致中国风，内含满汉大餐三口味各一碗，可谓无愧"礼盒"二字，亦对得起"国风"二字。

文案的促销产品是品牌新出的泡面礼盒，对于这样一件比较陌生的产品，书写者直接用"泡面中的爱马仕"来替代。爱马仕这样全球知名的奢侈品牌，大众对其已经产生的了固有的印象，奢华、高品质、不同凡响、精致、独一无二等，一下子就帮助读者找到了产品的定位，也让大众知道这款礼盒不是一般的产品。

文案正文以"汉服热"为引子，借用热度的同时，又自然地引出国潮礼盒，并对礼盒的国潮属性着重描写，力求精致，很容易打动追求品质的消费者。

## （3）流行文化概念

借用流行文化的概念增强表达力，不仅有助于意思传达，还能引起读者的共鸣，让文案传播得更广。

要怎么运用流行文化概念呢？还是通过具体的实例来了解。

**实例范本** | ×× 品牌除菌去渍洗衣液促销文案

前几天，一场直播掀起了亿人在线观看狂潮，这位主播，就是那个几乎在金曲时代称王的男人，他的一首"忘情水"街知巷闻，每一个从那个年代过来的孩子，几乎都会唱："给我一杯忘情水～"

但，忘情水真的在现实里存在吗？那是当然的～不信你看

……

其实每个人都能在生活里，找到属于自己的忘情水，如果，你的衣服也被留下了很多生活上的"重击"，不妨来一瓶立白除菌去渍洗衣液，独家专利配方除菌率99.9%，轻松瓦解汗渍、血渍、奶渍等顽固污渍，让衣服把污渍的"牵绊"都"忘"得干干净净。

《忘情水》是一首风靡全国的流行歌曲，上至60后下自00后，几乎都听过这首歌曲，书写者利用"忘情水"能让某物消失的属性，与洗衣液联系起来。开头用热点事件引流，并顺势推出"忘情水"的概念，接着以反问句引起读者好奇，过渡到产品上来，告诉读者产品就像"忘情水"一样可以让污渍消失得干干净净。行文思路连贯又有转折，过渡自然，概念替换毫无违和感，值得借鉴。

扫码做习题

扫码看答案

# 第6章　推广才是文案的最终目标

　　要推广品牌和产品，找到卖点是最关键的，有了卖点就像文案有了写作主题。不过，文案在保证内容吸引人的同时，还要注意关键词的使用，选择合适的关键词能让推广事半功倍。

消费者的真实需求才是痛点

看到竞品之间的差异

产品的历史是最好的故事

如何表达卖点

文案关键词指什么

扫码获取本章课件

# 6.1 文案内容为卖点服务

所谓"卖点",无非是指所卖商品具备的前所未有、别出心裁或与众不同的特色、特点。这些特点、特色,一方面是产品与生俱来的,另一方面是通过营销策划创造的。

产品卖点是市场营销的突破口,它给了大众一个消费理由,让消费者能够接受、认同产品。企业文案要想达到推广与促销的目的,就要在内容中展示卖点,这才是文案的核心。

## 6.1.1 消费者的真实需求才是痛点

企业通过文案做宣传推广时,通常都以产品优势作为主题内容,反而忽略了消费者实际的需求。其实,产品再好,若没有切实解决用户需求,也不会让用户产生购买欲。因此,策划文案前,企业应该搞清楚消费者的真实需求。

用户的真实需求需要进行市场调研才能摸清,不同的产品对应的消费者需求可能不同,但总的来说,大众的消费需求大致可分为以下几类。

### (1)节约需求

对于大多数消费者来说,购买行为的发生还是基于划算、价格优惠之上的,毕竟大多数人过日子都是精打细算的。因此,在企业的宣传文案中,低价、打折、减免成了较重要的卖点。具体如下面的实例所示。

**实例范本丨××品牌以旧换新活动文案**

"连水都不用换了"的小白鲸J2上市后,我们发现大家对于换新机的呼声很高,今天,我们就带着小鲸灵J3,和一份专属于云鲸老用户的鲸喜,与大家不期而遇。

......

作为云鲸老用户的你,将拥有以优惠价格抢先体验新品的机会,并且可以将小白鲸寄送给家人朋友。成功获取"换新"权益后,在新品首发价以及双11官方活动价基础上,再额外享有700元老用户专属换新优惠。额外赠送价值899元的云鲸J3上下水模块(含安装服务)。

为保障每一位参与活动的云鲸老用户均可以享受到优质的上门服务，我们将采取限时限量的形式。"云鲸老用户专属换新"活动首批开放 10 000 个名额，参与时间为 2022 年 9 月 15 日 20：00 至 2022 年 9 月 24 日 23：59。

该文案向品牌的老用户说明以旧换新活动的相关规则，首先在开头部分告诉大家新款上市，然后给出消费者一个以旧换新的理由，即额外享有的"700 元老用户专属换新优惠"。

大多数用户对新产品的态度是"旧的也能用，何必换新的"，如果企业不能给他们换新的理由，是无法吸引老用户的。以旧换新这样的优惠活动给了很多犹豫不决的用户一点动力，让用户通过更少的成本获得新品，获得更好的品质及服务。

除了直接的降价、减价，让用户看到产品的经济效用，也能吸引其购买产品。如下例以"中央空调省电小技巧"为主题，向大众科普省电知识的同时，透露买对产品的重要性，然后顺势推出符合条件的空调产品，打动那些看重省电功能的用户。

选择低耗能空调，中央空调多联机能效标识分为 5 级，其中一级能效耗能最低。此外，不要为了省电买小匹数的空调，应根据房间大小选匹数，反而更省电。

综合每个房间面积，更能准确选配哦。这里有个懒人方法……

## （2）新款需求

"喜新厌旧"是人之常情，人们在千篇一律的生活方式中，多少会希望有些改变，对于没有尝试过的新功效总会产生好奇。因此，文案以"新"为主题，用新颖打动大众。

下面来看一个实例。

**实例范本｜××品牌新品发布文案**

今日正式开售，OPPO Find N 全新折叠旗舰

真正由形态创新，带来体验突破。从尝鲜，到常用，开启高效生活新体验。

高效的生活节奏，从醒来就开始。悬停健身，伴着清晨的阳光，用运动充分唤醒心灵与身体，跟着"悬停健身"学瑜伽、练器械，在家看着学也很好。

有的放矢，办公自然高效。悬停视频会议，喝杯咖啡、记录笔记都游刃有余，随时随地，开会更加从容。

工作之余的时光，也精心打理。悬停视频通话，别让臂展限制了镜头里的画面，用"悬停视频通话"尽情畅谈，线上聊天，也自在如见面。

……

预约你身边的体验站点或前往门店，一起探索新体验。

新品发布文案，主要向大众展示产品最新的功能，从生活、办公的各个方面，让大众看到新品的与众不同，最后邀请大众一起探索新体验，有"尝"新需求的读者一定会跃跃欲试。

### （3）高效方便需求

快节奏的现代生活，使得人们工作、生活的时间都被安排得很紧凑，因此，人们更看重商品的高效和便捷，商品能多做一分，自己就少做一分，创作者书写文案时可着重描写商品能解决的麻烦，或是可为消费者节约的时间。

来看下面的一个实例。

**实例范本｜××洗衣凝珠宣传文案**

现代人总是在公司与家之间奔波，两点一线的生活枯燥乏味、周而复始，毫无幸福感可言，回头一看，自己依旧在原地踏步。无法改变大环境，那就从一些小习惯开始吧，总有方法让生活真正"活"起来。

从每个可以掌握的"15分钟"开始改变，找回自己的幸福感吧！

早起花15分钟做营养早餐。比起贪睡，一顿营养的早餐，更能让你充满能量。一天的幸福感，就从这里开始吧！

通勤花15分钟听线上课程。人与人之间的差距，都是被悄悄拉开的。生活不只眼前的工作，还有值得被憧憬的远方。

午休花15分钟做拉伸运动。"咔叭咔叭"，听到你的身体在抗议了吗？健康是幸福生活的首要条件，赶紧动起来吧！

下班花15分钟逛逛超市。一键买菜，不如去逛超市来得有意思。能给你生活真实感的，一点烟火气就足够了。

饭后花 15 分钟跟家人打电话。能让家人安心才是最大的成就。你的喜怒哀乐，都有人想听你分享。

晚间花 15 分钟总结一天。平凡的一天，也有很多被忽视的闪光点。整理思绪，也许能发现生活给你藏下的小确幸！

每日花 15 分钟清洗衣服。洗衣超简单，一颗就搞定。毫不费力的幸福感，谁不想拥有呢？立白 WI-FI 洗衣凝珠，15 分钟快洗无残留，洁净＋除菌＋护色，一颗三效。

该文案以"生活中的 15 分钟"为主题，告诉读者 15 分钟可以做哪些事，包括利用产品完成衣物清洗。

书写者不将重点放在除菌或是清洁上，而是以短短的"15 分钟"让读者感受到产品的高效便捷，对于被生活琐事烦扰的人群来说，一定非常有吸引力。

如何让读者感受到高效是书写此类文案的要点，仅在文案中加入"高效"这两个字是远远不够的，还应有具体的表达，本例便是具体到"15 分钟"。又如"充电 5 分钟，通话两小时"，比起快速充电，这样的表达更能让读者看到产品的实用和快捷。

### （4）定制化需求

定制化就是为消费者提供专门的服务和产品，而定制化需求对品质的要求较高，而且更为特殊，只有满足特定群体的特殊需求，才有可能让其产生购买行为。

如下面的实例所示为可心柔宝宝专用纸巾宣传文案，书写者或许能从中得到启发。

**实例范本｜××品牌宝宝专用纸巾宣传文案**

纸巾家家都有，但你选对了吗？宝宝的肌肤如此娇嫩，用错就麻烦了！小小的纸巾，可有大大的学问。在宝妈日益加快的生活节奏中，纸巾正扮演着日益重要的角色。不管宝宝哪儿脏了，随手抽出一张纸巾就可以擦干净；擦完宝宝，还可以顺便擦擦桌子，擦擦地板上的顽渍。（简直太会过日子……）

不过，纸巾虽然方便，如果宝妈选得不好或者用得不对，对宝宝的健康还是会有一定的影响。那些劣质纸巾的使用效果，大家或多或少都体会过——

有的纸巾非常薄，一拉就破；也有的纸巾添加成分过多，会有刺激性气味；还有的纸巾做工不精致，分分钟掉屑……

宝宝的肌肤娇嫩，宝妈如果长期使用劣质的巾纸给他们擦嘴、擦脸和擦手手，容易引起宝宝的皮肤问题；一些顽皮的宝宝还有把东西往嘴巴里塞的习惯——如果纸巾质量不过关，那要面临的风险就太大了！

那么，宝妈应该为宝宝选择什么样的纸巾呢？当然是可心柔旗下的宝贝系列纸巾。宝宝的肌肤十分娇嫩，而宝妈给宝宝用纸巾时会直接接触宝宝娇嫩的皮肤，有些肌肤敏感的宝宝在使用过后会更容易引起不适反应。所以纸巾是不是柔软或者舒适，就显得特别重要。可心柔宝贝系列纸巾在各方面的表现如何呢？

"原生木浆"的纤维含量大约占 80% 以上，所以原生木浆制成的纸巾均匀、细腻，并且在纸浆中添加的功能性药剂成分较少。在各种原料的纸巾中，最健康舒适的是以原生木浆为原料的纸巾。

在抽出可心柔纸巾的瞬间，多数人会被那种触感惊艳到：在那一瞬间，你仿佛置身于微波粼粼的水面上，纵享细腻的感觉；那种如同婴儿肌肤般细腻柔润的感觉，如水波一般向你身体的每个部位扩散而去。

考虑到宝宝的特殊性，宝妈给他们配的纸巾韧性要高：那种稍微用力即会出现断裂现象的纸巾，根本不符合这个标准；只有那种稍用力拉扯之后有褶皱出现但并不会断裂且质地密实、抗拉伸的纸巾，在使用过程中才不易烂。

可心柔宝贝系列纸巾特别针对宝宝肌肤，制造过程中采用特定的 pH 配方，使用过程中让宝宝感受润润的舒适体验，反复擦拭过后不会引起宝宝红鼻子。

"心动不如行动"，各位宝妈，你们还在犹豫什么呢？

该文案以"宝宝专用"为主题，首先讲明宝宝肌肤的柔嫩，所以更看重纸巾品质，然后推出品牌产品，并对纸巾优势进行介绍，包括原生木浆含量高、细腻、韧性高、具有特定 pH 值等，这些内容的描写都围绕着"宝宝专用"进行。

文案强调专属的概念，使得内容有的放矢，如果仅围绕柔软、安全进行描述，无论文笔多好，可能都难以打动宝妈们。

### （5）核心功能需求

消费者要解决某项问题或麻烦，自然要购买对应的产品，很多时候消费者并不在意产品功能的数量，而是在意其核心功能是否有效。具体来看下面的实例。

**实例范本｜蓝月亮品牌产品宣传文案**

都说生活很不易！清洁贼糟心！生活中最最最让人烦恼的难题，少不了厨房家居清洁难题！今天小蓝就带大家直击家庭现场，看这波难题我们该如何自救！！

◆　油污克星

首先来到我们的油污重灾区——厨房！日常烹饪美食的美好场所，油烟机上却有着令人抓狂的油污，这个时候要自救少不了小蓝家的油污克星，一喷就能迅速渗透分解油污，无须拆洗，省时又省力！

◆　地板净

家居生活的难题还有每天接触的地板，如何实现光脚自由？康康小蓝家的地板净，老实的外表下藏着拯救地板难题的决心！高效去污成分轻松解决地板脏污，这下小北鼻和大人都可以实现光脚自由啦～

◆　洁瓷宝

家里有瓷砖清洁难题的友友看这里！蓝月亮洁瓷宝专为瓷砖清洁除菌设计，强效配方，高效去顽固污垢、水锈，高效除菌，除菌率高达 99.9%，堪称居家清洁常备良品～

……

有了这份自救攻略，家里以后再也不怕油污、细菌等烦恼啦，看中宝贝的可要快快下单哟，入手！敲！级！划！算！

该文案对品牌旗下的多款产品进行推广宣传，从对每款产品的描述中，读者可了解到各自的功效和针对的区域，如"油污克星"是针对厨房油污的，"地板净"可解决地板脏污，而"洁瓷宝"专为瓷砖清洁除菌设计。

通过凸显不同产品的核心功能，大大提高了产品的专业性，读者可根据自己想要解决的问题，选择对应的产品。而面对功能多样的产品，读者往往会有"雾里看花、水中望月"之感，不知道其究竟能解决什么问题。

### （6）高端需求

稍微有些经济能力的人群，可能更看重产品附加的一些东西，如包装、设计、概念之类的，所以文案尽量突出产品的高级，以此来体现消费者的品位。如很多手机品牌都会推出旗舰版，区别其他型号；还有的品牌会推出限定 mini 产品，只有部分用户能够买到。

### （7）规避风险需求

对于日常使用有一定风险的商品，如吹风机、刀具、电器产品等，若是以降低风险或是零风险作为卖点，消费者为了规避使用风险，有很大概率会考虑购买，消费者终究更看重安全。

## 6.1.2　看到竞品之间的差异

现在市场上产品同质化严重，相同功能、相同品质的产品太多了，产品的可替代性也增大了，有些时候无论在文案中如何渲染产品的优势与功能，都很难打动消费者。

因此，书写者要找到产品不可取代的特点，或是找到竞品的不足，专注于该部分内容的表达，让大众看到产品的亮点。

### （1）标志性特色

一项产品在宣传推广时，有多方面的优点可以展示，如性能、包装、成份、服务等，但只有选择最具特色的那一面，才有可能让消费者看到产品的不同，书写者应在文案中突出产品标志性的特点。

如下面的实例中以颜色作为标志性特点，区别其他型号和品牌，消费者一看到该系列便知道"该系列的颜色很特别，与众不同"。

**实例范本｜××手机新品上市文案**

新配色，鸢尾紫，如丝如绸如缕，"紫"属于你。光线流过，雕出一瓣花的脉络。是恣意舒展，于曲面最柔软之处。是千回百转，生生不息，我自盛放。是一抹萦绕指尖的，鸢尾紫。

流云双镜设计，航空铝直边金属中框，浑然一体，绝佳触感。坚固耐用，舒适握持。

轻薄机身，持久续航，轻约 188g 起，薄约 7.57mm，4500mAh 大电池。

快来第一时间上手体验，OPPO Reno8 系列，鸢尾紫。

该文案为品牌上新的宣发文案，着重介绍手机的外观颜色"鸢尾紫"。这样特别的颜色，属于该品牌独一无二的设计，是其他品牌没有的，将宣传重点放在颜色上是最合适不过了。

文案开头和结尾都对"鸢尾紫"有所提及，让读者熟悉这款颜色的概念，加深印象。

然后再具体介绍手机的其他特点，如双镜设计、轻薄机身、持久续航等。

以先整体、后具体的行文逻辑向大众推出产品，为鸢尾紫赋予浪漫温柔的气质，帮助手机展示自己的整体形象，让读者被一贯的氛围笼罩，更易接受。

## （2）专利技术

很多品牌为了让自己生产的产品优于市面上其他产品，会自主研发相关的专利技术，正如苹果之所以与市面上其他安卓手机不同，便是由于其专门的系统。在文案中向大众展示品牌独有的技术，能有效提高产品的档次，与市面上其他产品区别开来。具体来看下面一个实例。

**实例范本｜××品牌新品推广文案**

衣物上的细菌、异味怎样才能彻底清洁？蓝月亮洗衣家族硬核新成员——蓝月亮除菌去味洗衣液，除菌去味，洁净到位。接下来了解一下它的硬核本领！

1.除菌率 99.9% 实力守护

特含除菌因子，对日常有害细菌去除率高达 99.9%。长效减少细菌滋生，除菌因子形成除菌保护层，在晾干和穿着过程中都能有效除菌。

2.根源去味，长效抑味

去除异味菌，根除异味源。有效去除汗味，特别适合运动衣物，运动党们必备神器！常见异味同样高效去除，阴干闷臭味、火锅味、烧烤味、烟味，统统都 ok~

*3.深层洁净，温和无残留*

*深层清洁，瓦解污渍。高效洁净因子协同蛋白酶，深入纤维瓦解污渍。温和配方，安心洁净。*

文案对新品的几大功能进行介绍，特意提到了除菌因子，除菌率高达99.9%，可以说是品牌的"法宝"。这种由品牌研发的技术，最能体现品牌相较于其他竞品的优势，因此，在宣传文案中要重点提及。

除此之外，品牌可将专利技术打造成特有的卖点，在不同文案中提及，大众渐渐就会将这项技术与品牌联系在一起，提到这项技术就立马想到品牌，接受信任该技术就是接受信任该品牌。

## （3）提出新概念

在市场上大多数产品都大同小异的状况下，若是品牌率先提出一个新概念，就有机会从一众产品中脱颖而出，开启一个新时代，受到多数人的关注。

至于新概念如何体现，一是内容，二是文字。有的时候，换一种表达，虽是旧酒装新壶，但给大众的感受却是非同凡响的。

来看下面的实例，创作者推出的新概念是否让人耳目一新呢？

**实例范本｜××品牌上新推广文案**

*护肤糊脸？油腻难耐？屏障破防？雅顿带你逐一击破。全新雅顿轻感金胶重磅来袭，32年修护经典雅顿金胶全新力作，水感开启以油养肤"轻"时代。夏日护肤三要素，你想要的TA都满足。*

*质地要轻。油敏皮亲测，如油似水，水感又控油，不糊脸，不闷痘，速吸收，清爽油养，舒适护肤。*

*功效要强。1抛即养，1颗见效。多余油脂 −39%，饱水量提升 +47%，屏障强韧 +21%。*

*配方要新。专利萃取油养精华，协同多重护肤植萃，肌肤软嫩透亮，稳稳拿捏好肤质。*

*全肤质适用，从此夏日油养"轻"而易举。*

该文案以"以油养肤"为主题，推出品牌的新品，并强调"轻"的概念，突出产品的轻松无负担，带给肌肤更愉快轻盈的体验。

文案开头便罗列了几种肌肤问题,然后给出解决的方案——轻感金胶,虽然以油养肤是近几年的热门概念,但品牌在此基础上提出了更进一步的概念,即"轻"。

很多时候,人们提到油容易联想到油腻,但品牌却主打轻盈、水感、清爽,这会打消很多人的顾虑,更愿意接受这个护肤方式。而文案中提到的对产品的三种要求,都以消费者的护肤需求为准,且首要的便是"质地要轻",结尾处也用双关自然提出"轻"的概念,这样品牌和产品的定位就会高于其他竞品,成为卖点。

### 6.1.3 产品的历史是最好的故事

在消费者的心中,一个企业经营得越久越能说明其经受得住市场的考验,旗下的产品质量也更易被信任。因此,越是有年份的企业越应该向大众展示自己的历史,让大众看到并了解品牌的历史,增加他们对品牌的信任。展示品牌故事的方式常见的有以下两种。

### (1)凝聚历史

拥有悠久历史的品牌,其一路走来的故事肯定非常多,为了帮助品牌的悠久历史传播得更广、更远,书写者可通过概括的表达传递悠远厚重的信息,如下所示为兰蔻宣传文案的统一结尾。

1935 年,带着法兰西与生俱来的美丽和优雅,兰蔻由阿曼达·伯蒂让先生创立于巴黎。自此,美丽人生,兰蔻相伴。

简单的一句话在每篇文案结束后展示,没有多余的内容,却可以告诉读者兰蔻的创始年份、创始地和创始人,并告诉消费者会一路相随,虽然没有更具体的信息,但品牌的格调和厚重感已经跃然纸上。同时,同一句话的重复表达,加之信息不多,读者一定会印象深刻,只要读者对品牌形成历史悠久的印象,便足以获得大众的青睐与信任。

从文案的具体写法来看,年份是个非常直观的数字信息,书写者直接摆出,仿佛一下就把读者拉到了 1935 年。使用对偶句"美丽人生,兰蔻相伴",不仅显得表达讲究,且将兰蔻与美丽人生联系在一起,带给读者更多美好的联想。

### （2）以时间为线

时间是历史最好的脉络，书写者可以借此避免模糊不清的表达以及思路的混乱，并删繁就简，有选择性地展示重要节点和重要内容。

具体来看下面的一个实例。

**实例范本 | ××品牌故事科普文案**

愉悦纽带，穿越每个世代

◆ 1939

追求愉悦的勇气，抵御战争的武器。二战前夕，甜品师莱昂在美国创立世界首家"Dove巧克力甜品店"，让乱世中的人们仍能体验片刻愉悦。

◆ 1956

以创新，取悦家人，以匠心，愉悦世人。老莱昂看到儿子追着冰淇淋车奔跑，启发他首创巧克力冰淇淋 Dove Bar，排除工艺万难，也要让家人纵享愉悦。

◆ 1986

愉悦传家，也让世界一家。1986年，Dove正式融入玛氏品牌，基因中对愉悦的共同追求，令我们成为一家人。

◆ 1989

用丝滑致敬五千年，让愉悦唤醒"半边天"。德芙携真正可可脂巧克力进入中国，丝滑口感和对追求内心愉悦的倡导，让中国女性懂得了真正的"悦己者"正是她们自己。

◆ 2012

爱情的愉悦法则，从此"她"说了算。掌控爱情节奏的"德芙女孩"出现在广告中，独立自主的个性，让她们成为当代女生的榜样，追求愉悦是她们的权利更是她们的鲜明态度。

该文案以时间为线索，对品牌故事进行展现，每个时代的故事都能体现品牌不一样的追求，让大众看到品牌对一切美好的向往。

在1939年可以看到品牌对和平的向往；在1956年可以看到品牌注重家庭温情；在1986年可以看到品牌倡导世界一家；在1989年可以看到品牌对女性力量的尊重；在2012年可以看到品牌鼓励女性活出自我。

　　书写者不仅通过年份的变迁来展示企业历程，还让文案结构清晰有条理，在将重点放在故事本身的同时，还表达了故事背后的美好希冀，让读者看到更多，从而对品牌留下好的印象。

### （3）历史典故

　　除了品牌的发展历程外，对历史典故的借鉴也能为产品背书或增色，尤其是中国历史悠久，有来源的产品更能体现传统文化，更能走进消费者的心里。

　　如下面的实例所示为爱达乐川皇酥推广文案，借用了与四川有关的典故，极具地域特色。

**实例范本│××川皇酥推广文案**

　　乐乐 TV 中秋特别节目《川饼"川皇酥"的诞生》，带市民朋友们了解这个线上平台卖爆了的月饼。

　　公元 213 年，益州之战僵持到双方都有点疲惫……滴滴！中秋是不是要到了，老大让我们做月饼，此时四川的几个大厨在抠脑壳……这个条件下咋个做出方便、好吃，还能携带的月饼哦？制作 ing……层层酥皮，外酥内软，回味绵长，形似龙眼，就叫他龙眼酥吧。

　　一千多年以后，龙眼酥秘籍被爱达乐的烘焙大师发掘，四川的中秋，当然不能缺少地道四川味道。据不完全统计，大师在试验复原并提升龙眼酥的道路上，失败的次数不下于 3 位数。

　　不是皮太厚，就是没口感，不是馅儿普通，就是不四川。大师的头都要熬秃了，终于有一天，大师灵光一闪："酥皮要 56 层，不能太厚，也不能太薄，口感才可以酥到恰到好处。"

　　新研制出的川饼和龙眼酥有差别，也不能叫龙眼酥，因"龙眼酥"由刘皇叔赐名，那么这个新的川饼就叫他"川皇酥"吧。

　　本期节目就到此为止了，接下来就是乐乐 TV 本期惊喜。

　　该文案用历史典故推广新品，首先对千年前的故事进行简单介绍，让读者了解产品的前身是如何产生的，然后以"一千多年以后"作为过渡语，承上启下，开启品牌制作与创新的过程。

而产品更是以历史人物命名，更直接体现其来源不凡，在历史典故的烘托下，产品也变得与众不同，现代人仿佛借此便可一窥古人的生活、饮食，不得不说吸引力十足。

文案在展现历史故事的时候，并未像传统写法一样，一板一眼地描述，而是用播报电视的形式，将历史故事生动化，让历史人物自己讲故事，就像展示在读者面前的画卷一样。

## 6.1.4 如何表达卖点

产品有卖点，但如果不能在文案中有效表达，也不能实现认可度的提高，因此书写者要找到卖点的表达方法，不同的内容有不同的表达方式。下面来认识一些常见的卖点表达方式。

### （1）刺激眼球

很多促销文案都会标注优惠价格信息，在展现价格信息时，书写者叫采取更为夺目的方式刺激消费者眼球。如很多文案将产品价格单独呈现，或是放大呈现，这样一眼就可以看到价格信息。除此之外，还有一些刺激性表达可借鉴参考，包括"满减""买一送一""秒杀""霸王餐"等。

### （2）专家背书

如果产品卖点从专家的口中说出，比起企业自吹自擂更能取信于消费者，所以，有的企业会将专家的意见展示在文案中。不过需要注意的是，既然要请专家背书，当然要找到行业中的权威人士，而不是用虚假宣传误导消费者。

### （3）功能＋技术＋获益

在文案中说明产品的功能，然后介绍实现这些功能所采用的技术，并对消费者能够获得的好处进行展示，这是表达卖点的基础逻辑，书写者了解这个逻辑，就能对多种卖点进行解释。具体来看下面的实例。

**实例范本｜××丝滑卷宣传文案**

德芙出饼干啦！德芙家族新成员，丝滑卷。丝滑之外更有酥脆，一口卷出春日多重满足。

春日明媚无心工作？一口卷走小焦虑

屋外春花烂漫，工作堆积成山。还好有 ta，让我心花绽放！100% 纯正德芙巧克力造就丝滑内芯，外皮层层卷起，层层酥脆，一口下去，细细品味春日的细腻与绵密。

春日出游缺点感觉？一口卷出氛围感

野餐构图千篇一律，如何才能卷出高级感，还好有 ta，让我刷爆朋友圈！极简主义美学设计，完美诠释"颜值即正义"，成为这个春天，野餐篮里的C 位担当。

春日聚会担心热量？一口卷出健康来

抵挡不住美味诱惑，又不想和身材妥协，还好有 ta，让我肆意享受丝滑春日。含真正可可脂，0 反式脂肪酸添加，让春天的美味只有健康，没有负担。

春日追剧停不下来？一口卷出满足感

遇上又甜又好嗑的剧，完全不想停下来，还好有 ta，让我延长对浪漫的无限遐想。宅家、追剧、下午茶，春日美好统统卷出来，让浪漫在这个春天无限延长。

德芙丝滑卷，现已全面上市，快和他们一起在酥脆的口感里，畅享丝滑春日吧！

该文案对上市新品进行推广，食品类宣传一般都是以口味、安全为主，该产品也不例外，其基本功能便是美味与健康，而达到这两点的技术包括：

100% 纯正德芙巧克力；

真正可可脂，0 反式脂肪酸添加。

全文从 4 个方面入手，告诉目标消费者购买的理由，即消费者可以从中获益的点，包括卷走小焦虑、刷爆朋友圈、健康及助力追剧。

在实际写作中，书写者可根据内容的不同，选择书写的重点，如本例着眼于获益；若是手机类产品可着眼于功能；纸质类产品可着眼于技术。

### （4）体现神秘感

正常来说，书写文案越详细越好，但有的时候，书写者也可以一反常态，不说明产品关键的信息，保持神秘感，吊足胃口，隐藏卖点也是表达卖点。尤其是新品上市的时候，这样的文案也能吸引消费者。

# 6.2 文案推广不能缺少关键词

在网络时代，新媒体文案蓬勃发展，成为企业宣传推广的主要载体，而文案要想推广，就一定要遵循互联网规律，了解互联网搜索规则。文案能够出现在各个平台的搜索页面，就有被看到的可能，被看到就有被打开的可能。

因此，书写者除了考虑文案书写的各种技巧外，还要想到文案关键词的设置，关键词选得好，更易被搜到。

## 6.2.1 文案关键词指什么

互联网中的关键词特指单个媒体在制作使用索引时，所用到的词汇。关键词搜索是网络搜索索引的主要方法之一，即为访问者希望了解的产品、服务和公司等的具体名称用语。

如果文案关键词能够与大众关心的索引关键词不谋而合，一定会获得高点击率，进而间接或直接地提高企业知名度和产品销量。在设置文案关键词的时候，书写者需要考虑以下几点原则：

**行业相关性。**不同的行业有不同的受众群体、不同的行业术语，以及不同的行业热点，若是在设置关键词的时候考虑行业特性，就能将单一的一篇文案与整个行业联系起来，加大被搜索到的可能性。

**关键词优化。**对文案关键词进行筛选、替换和修改，提高在搜索引擎中的排名，这需要书写者对网站关键词有充分的了解，同时还要满足文案对象的需求特征。

**长尾关键词优化。**长尾关键词的指向应该更明显、更细致，同时可能搜索度要大。

**用户搜索习惯。**要想获得较高的浏览量，就必须了解用户的搜索习惯，从用户的角度思考文案关键词的定位，若认为用户肯定会去搜索某些关键词，那么在文案中使用这些关键词就可以获得更高的点击率。

**百度指数。**一些大型的搜索网站会有关键词排行及数据统计，企业可借助互联网工具查询，了解热门关键词。

**减少竞争力**。虽然热门话题是企业考虑文案关键词的一个重要因素，但是热门关键词的竞争力度大，相信很多同行业、同类型的文案都会选用类似的热门关键词，那么自己的文案被看到的可能也变小了。因此，文案有时考虑关键词热度稍低的，反而能带来流量。

**了解竞品关键词**。了解竞品文案关键词是书写者必须要做的功课，主要包括对比竞品文案的阅读量以及分析阅读量高的文案关键词。

## 6.2.2 关键词的几种类型

关键词的设置决定文案能否在最短的时间内被用户搜索到，书写者要想精准设置文案关键词，首先要对文案关键词的类型有所了解，了解得越多，运用得越熟练。常见的文案关键词类型如表 6-1 所示。

表 6-1 文案关键词类型

| 分类标准 | 类型 | 具体阐述 |
|---|---|---|
| 热度 | 热门关键词 | 即在一段时间内搜索量较大的关键词，但同时这类关键词市场竞争强度大，所以使用最热门的关键词未必能提高文案的阅读量 |
| | 一般关键词 | 即在某段时间内有一定的搜索量，但搜索量并不是很大，搜索频率也不是很高，这类关键词如果进一步优化，搜索量会有很大提升 |
| | 冷门关键词 | 即在一段时间内搜索量较少，可能只有几次，但这类关键词往往是精准搜索出来的，所以带来的用户可能更容易转化为企业产品用户 |
| 长短 | 短尾关键词 | 一般是二字词语或四字词语，且是单个词语 |
| | 长尾关键词 | 顾名思义，其特征为长，一般由多个词语组成，甚至包括短语，这类关键词的搜索量一般很少，不过在文案内容中展示较多 |
| 其他划分 | 泛关键词 | 泛关键词的搜索量和搜索概率较大，这类关键词指向不明确，范围较大，通常能代表一个行业，对提高文案阅读量没有较大的助力 |

| 分类标准 | 类型 | 具体阐述 |
|---|---|---|
| 其他划分 | 时间关键词 | 即指关键词中有时间属性的词语，如最近、最新、2022 年、9 月等，有了时间作为限定词，能有效提高搜索概率 |
| | 错别关键词 | 一些同音或字形相同的词语容易被混淆，所以大众在搜索时会不小心搜到，如订购（定购），书写者可以据此做些优化 |
| | 问答关键词 | 以问句的形式进行搜索而使用的关键词，在问题结果中也会出现，这类关键词指向明显，所以需要仔细分类进行优化 |
| | 别名关键词 | 别名是同一个名词的不同称谓，由于地域与使用习惯的不同，会出现不同称谓，如电话也可以称为手机、西红柿也可以称为番茄，无论搜到哪一个称谓，别名关键词都容易出现在搜索结果页 |

**拓展贴士**　*关键词搜索工具*

书写者可以借助一些关键搜索工具，了解哪些关键词自带热度。除了前面部分提到的百度指数，还有一些工具。

**搜索拓展。** 在很多搜索引擎的搜索框中进行搜索时，搜索框下方会自动生成很多拓展关键词，这些都是用户经常搜索的，自带热度和市场。

**相关搜索。** 有的搜索引擎页面下方或旁边会提供相关搜索链接，这些短语或词语与搜索内容大有联系，可借此参考。

**付费工具。** 有的搜索引擎提供了付费的营销工具，帮助有营销需要的人群查找关键词、筛选关键词和设置关键词。

## 6.2.3　关键词位置有讲究

在获取关键词后，书写者需要考虑如何将关键词与文案内容自然结合，强行放置会让文案显得生硬，书写者应该保证文案的语句通顺、逻辑清楚。那么，关键词设置的位置有哪些呢？

（1）文案标题

标题是最适合放置文案关键词的地方了，因为搜索引擎结果页往往会优先展示在标题中的关键词。但是标题的字数不多，书写者最好只嵌入一个最合适的关键词，不要堆砌词组，让标题变得不像标题。如下所示是一些带有关键词的标题。

代表团圆的食物是……（关键词：团圆）

今天四川人最"粽"要的是：（关键词：四川人、粽）

五一假期野餐好物，有颜又美味！（关键词：五一、野餐）

我也不想点开啊，可是他们粽子里有牦牛肉欸（关键词：粽子、牦牛肉）

眼周抗老，你懂行吗？（关键词：眼周抗老）

红石榴洁颜油——××同款鲜活能量（关键词：××同款）

从上面的例子中可以了解到文案标题中的关键词有以下一些特点：

◆　关键词个数不多，一个到两个比较普遍。

◆　关键词的特质包括情感属性、地域属性、食材属性、功能属性以及明星属性。

◆　关键词可以在句中作形容词、主语、状语或动词，还可以作为专门的词组单独呈现。

（2）文案开头

很多时候，搜索引擎都将文案开头当作摘要抓取，所以文案开头也会在搜索结果页中展示。因此，除了标题，在开头部分嵌入关键词也是不错的选择。

书写者在设计开头内容时，不仅要考虑引出下文，还要对文案主题、背景做简单介绍，并合理穿插文案关键词。下面来看几个例子吧。

圆是个好东西，地球是圆的，十五的月亮是圆的，代表一句话结束的句号是圆的，爱情追求个圆满，过节也喜欢团圆。转眼又到中秋节，我们准备了点不一样的圆，你猜错了，不是月饼，是团圆水饺。

该例对"团圆"的概念进行拓展说明，列举了各种团圆的意象，仅"圆"这个字就出现了8次，在整段结束时还引出了文案主体——团圆水饺，对主题、主体、关键词都进行了介绍，一举三得。当然这样优秀的写作，还因文案主题与关键词以及主体几乎一致。

而下例中，开头部分的关键词发生了细微的变化，不过这种变化，让文案被搜索到的可能性变大了，符合别名关键词的特点。

懂行的高阶选手都知道，想要保持体态年轻，需要身体的核心力量支撑。你知道吗？想要保持眼周年轻，同样需要锁定眼周核心。

该文案的关键词是眼周抗老，但在开头部分却没有提到抗老，而是以"年轻"一词代替，两个词语意思差不多，只是表达不一样，多一种表达能有效加大关键词被搜索的概率。开头部分没有对主题进行解释，只是稍稍介绍了主题背景，并适时嵌入关键词。

下面例子中的开头部分就更加简短了。

盼望着，盼望着，身在方寸，心已在远方，五一小长假快到啦，记得出去野餐游玩，备点小食哦。

该例开头只是对标题进行了拓展，几乎没有多余信息，当然也不需要多余的信息，文案的主要内容在关键词中已经道尽，即"在小长假外出野餐可准备……"值得注意的是，关键词的补充也有利于提高搜索率，如"五一小长假"中五一与小长假叠加。

## （3）正文内容

当然，在正文内容中也可以嵌入关键词，不需要很刻意，也不需要考虑数量，适当即可，还可以通过加粗等方式提升搜索引擎的搜索概率。如下例的推广文案所示。

正统川味，独特口感，高原纯净环境下的Q弹高纤金稞，富含氨基酸和膳食纤维。

鲜嫩牦牛肉，小锅卤煮，香气扑鼻，炒制后的糯米，更加软糯，手工包在一起，成就一颗青稞牦牛肉川卤粽。

该文案的关键词是粽子和牦牛肉，在文案正文中，不仅介绍食品食材，还介绍制作的特别之处，并点出推广食品的名称。

（4）配图图名

有配图的文案，在图片图名中可以嵌入关键词，这样搜索结果页有可能对文案图片进行展示，使用户通过图片点击文案，提高文案的阅读量。

## 6.2.4　挖掘长尾关键词

长尾关键词虽然搜索量并不高，但能有效提高文案的竞争力度，所以长尾关键词在营销中越来越被看重，并运用于文案。要挖掘长尾关键词，主要有以下几种方法：

**职业领域**。不同的职业群体，其需求和行为都有差别，书写者可将产品目标对象中占比靠前的职业划进长尾关键词中。具体来看下面一些例子。

川粤大厨四季宝参赛作品抢先看！

教师护嗓神器就是 TA

久坐司机的痛苦解决了

**性别属性**。男女的购买行为在很多领域都会交叉，但又会有细微的差别，所以特意说明男性或女性，能给关键词内容带来不小的变化。具体来看下面一些例子。

微醺甜酒，女士专用

男士健身少不了……

**季节特色**。在关键词中加上"春季""夏季"等特殊时间限定用词，让文案的表达更加细致。具体来看下面一些例子。

全国冬日降温保命图鉴

一份独享的冬日护肤特辑

这个夏天，再去一次海岛

在三月，闻见一抹春意

**地域区别**。把城市、省份也变成长尾关键词，能够更快地圈定范围，易被同城用户搜索到。具体来看下面一些例子。

正宗川味才够劲

一键带你体验广东味道

上海人的回忆杀来了

**用户需求**。从用户视角出发，考虑其需要什么、什么便宜、向往什么，等等。具体来看下面一些例子。

一瓶精华的五种想象

开启肌肤嘭弹之旅

专属你的晒后修复方案

洗脸，你真的选对产品了吗？

这几款宝洁产品包装设计，有哪些小巧思？

**目标群体兴趣**。从目标群体的兴趣入手，设置与之有关的关键词，与文案主题或产品联系起来。具体来看下面一些例子。

猫咪的睡姿代表了什么

西双版纳旅游攻略

王羲之的书法展览

**淘宝搜索**。在淘宝搜索框中输入文案关键词，会跳出很多拓展关键词，这些都可以作为长尾关键词，如图6-1所示。

图6-1　淘宝搜索框拓展关键词

**输入法**。现在很多输入法都与互联网相通，收录了不少的网络热点词汇，有时会自动拓展长尾关键词。

## 6.2.5　创作关键词少不了工具

有的时候书写者面对较多的关键词不知道怎样组合，对于一些热点关键词也不知道如何寻找，这时便要借助一些创作关键词的工具了。本小节推荐 3 个小工具，可帮助书写者积累关键词素材或是组合关键词。

### （1）枫树 SEO 网

该网站致力于提供关键词排名、网站收录、域名历史信息、URL 自动推送、网站监控以及报表分析等服务。利用该网站的"站长工具"可以一步生成关键词。具体如下所示。

**实例范本｜利用站长工具生成关键词**

进入枫树 SEO 网（https://www.md5.com.cn/），在首页上方的菜单栏单击"全部工具"选项卡，如图 6-2 所示。

图 6-2　单击"全部工具"选项卡

在跳转页面的侧边"工具导航"栏中选择"站长工具"选项，单击"关键词组合工具"选项卡，如图 6-3 所示。

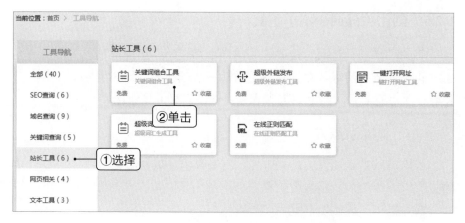

图6-3 单击"关键词组合工具"选项卡

在跳转的页面中出现4个文本框，依次在文本框中输入关键词，根据需要选择组合方式，单击"开始生成"按钮，即可看到最终结果，如图6-4所示。

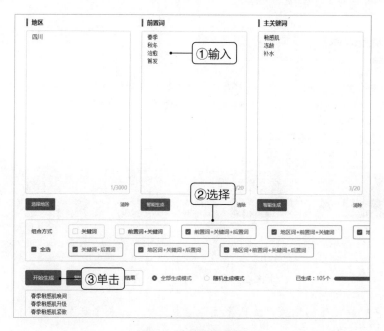

图6-4 生成最终结果

## （2）微信指数

微信指数是微信官方提供的基于微信大数据分析的移动端指数。通过微信指数可对关键词进行搜索，并查看其指数趋势以及数据来源，全面了解关键词的有关数据。通过数据分析，帮助书写者筛选合适的关键词，如图 6-5 所示。

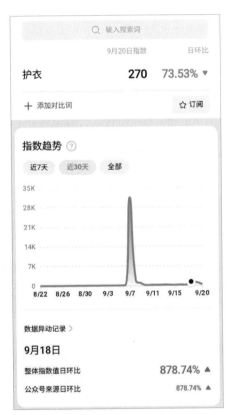

图 6-5　微信指数

## （3）巨量算数

巨量算数是巨量引擎旗下内容消费趋势洞察品牌，以今日头条、抖音、西瓜视频等内容消费场景为依托，承接巨量引擎的数据与技术优势，输出内容趋势、产业研究、广告策略等洞察与观点。同时，开放算数指数、算数榜单、抖音垂类等数据分析工具，满足品牌主、营销从业者、创作者等数据洞察需求。如图 6-6 所示为巨量算数的算数指数页面，书写者通过关键词搜索框可以了解各项数据指数。

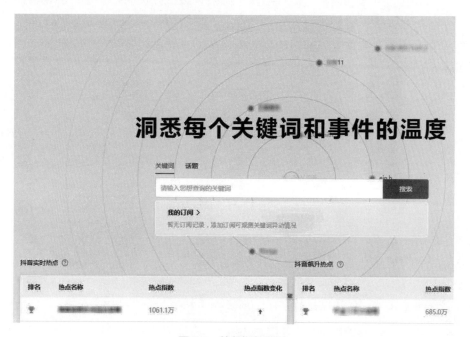

图 6-6　算数指数页面

扫码做习题

扫码看答案

# 第 7 章　自媒体文案引流不能不懂

　　由于自媒体文案的传播平台不同，它与其他媒体文案有很大差别，自媒体文案更注重流量和关注度，且文案中的多媒体元素非常常见，需要书写者熟练运用各种工具，才能提升写作效率。

微信公众平台成为主流阵地
二维码的利用逐渐频繁
视频音频的插入丰富内容
找到好帮手，自媒体效率高
适当的免费吸引更多读者

扫码获取本章课件

# 7.1 自媒体创作趋势要了解

自媒体是指普通大众通过网络等途径向外发布他们本身的事实和新闻的传播方式。自媒体平台的不断发展给了很多企业宣传自己的途径，通过在各个自媒体平台上发布宣传文案，企业可传递自己的信息，与读者互动，丰富文案表达，这给了文案创作全新的视角。

## 7.1.1 微信公众平台成为主流阵地

微信公众平台简称公众号，企业可利用公众账号平台进行自媒体活动，发布各类文案，与用户进行互动营销。如图 7-1 所示为麦当劳微信公众号的页面，麦当劳通过该账号发布了很多宣传文案和视频信息。

图 7-1　麦当劳微信公众号页面

可以看出在自媒体账号中，企业宣传的形式变得多媒体化，可以发布除文字之外的，以图片、音乐、视频等为载体的宣传信息。同时互动也变得便捷与多样，所以微信公众号平台成了企业营销的主要阵地。其具体互动方式有以下一些。

**及时评论**。企业发布文案后，用户可第一时间阅读，并在阅读结束后，立即评论表达自己的意见和想法，企业也能第一时间接收用户的想法，不断改进。如图 7-2 所示为文案下的留言区。

图 7-2　留言区

**点击关注**。自媒体文案中可以穿插各种网页链接，读者只需点击对应的按钮，便可自动跳转进入。因此，企业通常将其他平台的账号链接发布在文案中，以吸引用户关注。具体如图 7-3 所示。

图 7-3　其他账号链接

　　**点击下单。**除了其他平台的账号信息外，企业可配合文案内容，将对应产品的购买链接附上。若是读者被文案宣传打动，可以直接在同一页面点击下单，高效便捷。具体如图 7-4 所示。

图 7-4　下单链接

## 7.1.2　二维码的利用逐渐频繁

　　二维码是一种编码方式，比起传统的 Bar Code（条形码）来说能存更多的信息，也能表示更多的数据类型。它存在横向和纵向两个方向，因此能在很小的面积内表达大量的信息。随着二维码的发展，其逐渐被广泛运用在生活中的各个方面。

- ◆ **信息获取**：如名片、地图、Wi-Fi 密码、资料。

- ◆ **网站跳转**：如跳转到微博、手机网站、网站。

- ◆ **广告推送**：用户扫码，直接浏览商家推送的视频、音频广告。

- ◆ **手机电商**：用户扫码，手机直接购物下单。

- ◆ **防伪溯源**：用户扫码即可查看产品生产地，同时后台可以获取最终消费地。

- ◆ **优惠促销**：用户扫码下载电子优惠券、抽奖。

- ◆ **会员管理**：用户手机上获取电子会员信息、VIP 服务。

- ◆ **手机支付**：扫描商品二维码，通过银行或第三方支付提供的手机端通道完成支付。

- ◆ **账号登录**：扫描二维码进行各个网站或软件的登录。

在自媒体营销中，二维码也发挥着重要作用，常常与文案内容结合，具体有如下一些用法。

**扫码下单**。将购买链接用二维码展示，用户扫码后便能立即下单，实现文案的高转化率。如图 7-5 所示。

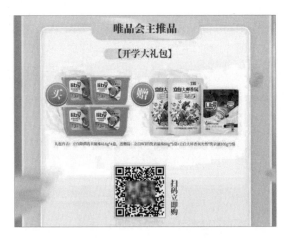

图 7-5　购物链接二维码

**扫码关注小程序**。微信小程序不需要下载安装即可使用，用户扫一扫或搜一下即可打开，因此成了企业提供各种服务的重要平台。将小程序二维码展示在文案中，可及时为用户提供服务，并提高企业关注度，增加用户黏性。如图 7-6 所示。

图 7-6　小程序二维码

**扫码入社群**。微信平台拥有多种并行的体系，包括微信社群、微信订阅号、微信服务号、微信企业号、微信小程序等，这些体系能够互通，并相互引流。如图 7-7 所示，企业在文案中展示社群二维码，引导用户加入，可与用户创建聊天窗口，产生更直接的互动，以便精准营销。

图 7-7　社群二维码

**扫码关注公众号。** 读者点击文案进行阅读，并不意味着就会关注公众号。在文案结束后展示公众号二维码，可以自然引导用户关注，提高粉丝数量，以后发布文案时，用户自然会被推送，间接增加每篇文案的阅读量。如图 7-8 所示。

图 7-8　公众号二维码

二维码不仅在微信平台使用频繁，它还可以印刷于其他载体上，如报纸、杂志、图片等，或是嵌入视频中，传递企业的各种信息。所以，就算不在自媒体平台上发布文案，企业也可以自如使用二维码。

### 7.1.3　视频音频的插入丰富内容

由于自媒体平台的特殊属性，文案不仅可用文字与图片表示，还能插入视频与音频。这样的文案内容就变成了多媒体内容，含有多媒体内容的文案，平均阅读数和平均点赞数都更高。

正因如此，书写者对于多媒体内容的运用越来越普遍。但是，书写者还应注意控制多媒体内容的使用数量，一篇文案中插入一段视频或一段音频已经足够，毕竟只是辅助文案表达，不要把多媒体内容变成连连看，给读者增加阅读的负担。

与此同时，很多平台对多媒体内容还有限制。微信公众号中，便限制单篇图文中最多添加 1 个音频或最多添加 3 个视频。下面通过一个实例来了解视频在文案中的运用，如图 7-9 所示。

图 7-9　焙烤展视频

图 7-9 为视频嵌入文案的样子，可以看出毫无违和感。该文案是品牌参加中国国际焙烤展的介绍与记录，文案开篇便对展会的时间与地点进行介绍，然后便以视频的方式呈现了展会第一天的情况，这样能让读者有身临其境的感觉，从三维立体的视角走进展会，看到展会上品牌产品与服务的呈现。

接着，书写者展开具体的文字介绍。如果说视频是整体的呈现，那么文字就要更为细致地描述，从而让读者获取更多有价值的信息。

本次展会上，麦子和麦携重磅新品，燕麦轻奶油亮相。燕麦轻奶油的研发初衷，是基于"让世界认识东方燕麦"的品牌使命，推动优质东方燕麦在烘焙产业场景中的应用。其次，在传统的动物奶油与植物奶油之外，麦子和麦希望，通过燕麦轻奶油这一创新品类，将燕麦的谷物风味更好地融入各式面包、甜点中，为烘焙行业的研发创新带来更多选择。

　　麦子和麦燕麦轻奶油专为烘焙场景研发，甄选优质燕麦，制成细腻绵滑的燕麦轻奶油。燕麦轻奶油易打发、易定型、易储存，在保证奶油口感的同时，做到了清爽不厚重。燕麦轻奶油可用于各式甜点、茶饮奶盖等制作，0 反式脂肪酸、0 胆固醇、0 动物脂肪，健康轻负担，麦香清甜、入口即化。

　　展会上，麦子和麦燕麦饮、燕麦早餐饮、咖啡大师、燕麦茶等产品，一经亮相就吸引了众多关注。

　　麦子和麦致力于促进中国燕麦产业发展，用科技革新带来温和健康体验，将更加健康、天然、温和的燕麦产品带给大众。

　　展会首日，前来麦子和麦展位的参观者络绎不绝，欢迎大家前来参观、试饮试吃。展会期间，将本篇内容分享至朋友圈并出示给工作人员，可以在麦子和麦展位免费领取燕麦冰淇淋一份！

　　全文分为 4 个部分，分别介绍展会重磅产品、展会基本情况、品牌未来展望、邀请读者享受现场福利。书写者将展会重磅产品的介绍放在最开始，并且所占篇幅最多，对名称、研发初衷、原材料、特色、用途以及成分详细说明。

　　随后对其他产品一笔带过，简单提及，无论是内容还是结构，都详略得当。在文案快要结束的时候，文案以企业的展望作为总结，并对读者发出邀请，以现场福利吸引读者互动。

　　对于这种线下企业活动的展示，插入一段视频可以省去很多文字描述，如环境、场面、布置，都可用视频表达。文字叙述可突出重点，即真正想要读者知悉的内容。

　　除了本例中的视频形式外，还有一种视频表现方式，它只有几秒的内容，非常短小，但对内容的呈现起到了不小的作用。如图 7-10 所示为雅诗兰黛白金级系列产品的推广文案。

　　文案对系列产品的展示、美容手法、护理特色、运用科技和福利优惠进行全方位介绍，并嵌入短视频配合文字表达。图 7-10 对雅诗兰黛会客厅进行介绍时，对应的视频用几秒的时间呈现了会客厅的奢华、典雅，也许没有更多的信息表达，但是从视觉上、从企业形象的塑造上、从产品高级感的渲染上，插入的短视频都发挥了不可忽视的作用。

图 7-10　嵌入极短视频推广文案

除去视频，音频在文案中的运用也非常普遍，因为音频可以在一定程度上解放读者的视觉，让眼睛得到休息。在遍地低头族的时代，音频世界有了很大的市场。

音频以两种形式来传递信息，一是音乐，可以传递情绪、渲染氛围、激发读者内容的情感；二是文字录入，就像有声书、电台广播一样，能传递与文字相同的内容，且附加语气与情感，更能打动读者。具体的音频表达内容可分为以下几类。

◆ **广告语录入**：可以在每篇文案中嵌入，让音频成为活动的广告位。

◆ **向读者提问**：提高互动效率，且比起文字，更不易让读者拒绝，就像有人当面询问一样，声音是带有温度的。

◆ **全文朗读:** 有的文案会在篇首嵌入全文的音频内容,给读者两种选择,在读者不想阅读的时候,音频的优势就凸显出来了。

◆ **视频采访音频化:** 对于与文案内容有关的采访,过去常常以文字问答的形式展示,现在还可以音频或视频的方式呈现,更富有生活气息,读者可以真实感受到每个被采访人的不同。

对于文化或时尚的文案内容,使用音乐的比例较高。在利用视频、音频进行表达时,书写者还应考虑时长问题,视频以简短为主,一分钟以下最佳,没有人想在公众号中看部电影。

至于音频,在一项统计中,时长为 1 ～ 5 分钟的音频数量最多,为市场主流,其次是 5 ～ 10 分钟,可见大多数音频时长都在 10 分钟以下。

## 7.1.4　找到好帮手,自媒体效率高

自媒体平台上所用素材类型非常丰富,有文字、图片、音频和视频,这些素材都需要进行一定的处理,才能更好地呈现内容。素材的处理则需要利用各种工具才能做到高效,下面推荐几种素材处理工具,帮助创作者处理各种多媒体内容。

### (1)网易见外工作台

网易见外工作台(https://jianwai.youdao.com)是网易人工智能旗下的翻译产品,具有八大功能。具体如图 7-11 所示。

图 7-11　网易见外工作台工作界面

从图 7-11 中可知，这八大功能涵盖视频、音频、文档、图片多种类型，可解决字幕问题、翻译问题和文字生成问题，这都是文案制作中常见的问题。

（2）格式工厂

格式工厂是视频图片等格式转换客户端，致力于帮用户更好地解决文件使用问题，主要提供如表 7-1 所示的几种服务。

表 7-1　格式工厂产品服务

| 服务 | 具体阐述 |
| --- | --- |
| 支持几乎所有类型多媒体格式 | 支持各种类型视频、音频、图片等多种格式，轻松转换到你想要的格式 |
| 修复损坏视频文件 | 转换过程中，可以修复损坏的文件，让转换质量无破损 |
| 多媒体文件减肥 | 可以帮你的文件"减肥"，使它们变得"瘦小、苗条"。既节省硬盘空间，又方便保存和备份 |
| 可指定格式 | 支持 iPhone/iPod/PSP 等多媒体指定格式 |
| 支持图片常用功能 | 转换图片支持缩放、旋转、水印等常用功能，让操作一气呵成 |
| 备份简单 | DVD 视频抓取功能，轻松备份 DVD 到本地硬盘 |
| 支持多语言 | 支持 62 种国家语言，使用无障碍，满足多种需要 |

在手机上下载格式工厂 App，打开后在主界面可以看到其全部功能，主要分为 3 类——视频处理、音频处理和图片处理。具体如图 7-12 所示。

图 7-12　格式工厂全部功能界面

（3）智影

智影（https://zenvideo.qq.com/）是一个集素材搜集、视频剪辑、后期包装、渲染导出和发布于一体的免费在线剪辑平台，能够为用户提供从端到端的一站式视频剪辑及制作服务。在首页"创作空间"栏可看到平台提供的创作工具，包括视频剪辑、文本配音等，如图 7-13 所示。

图 7-13　创作空间页面

（4）剪映

剪映是抖音官方推出的一款视频编辑应用，带有全面的剪辑功能，支持变速，有多样滤镜和美颜，有丰富的曲库资源，支持在手机移动端、Pad端、Mac 计算机和 Windows 计算机全终端使用。如图 7-14 所示为剪映网页版首页。

图 7-14　剪映网页版首页

### （5）草料二维码

草料二维码（https://cli.im/）是一家专业的二维码云服务提供商，提供自助式的二维码制作、应用搭建和配套服务，能通过模板库、应用方案、行业案例等内容，让用户快速复用，高效解决问题。那么，如何在该平台生成二维码呢？

**实例范本｜利用工具生成专门的二维码**

进入草料二维码首页，可看到生成二维码的内容分类，包括文本、网址、文件、图片、音视频、名片、微信和表单等，单击"网址"超链接，如图7-15所示。

图 7-15　草料二维码首页

在二维码输入框中输入网址，单击"生成二维码"按钮，如图7-16所示。

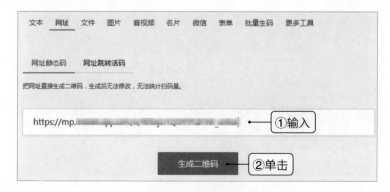

图 7-16　输入网址

在页面右侧可以看到生成的二维码，单击"上传 LOGO"按钮；打开"二维码样式编辑器"，单击"本地上传"按钮，如图 7-17 所示。

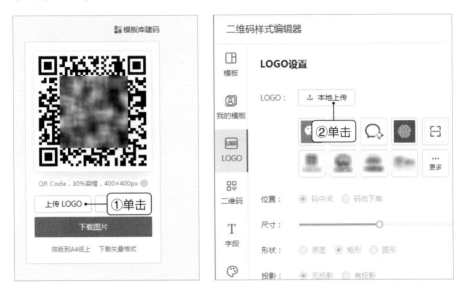

图 7-17　打开"二维码样式编辑器"

打开"打开"对话框，选择 LOGO 图片，单击图片打开，对图片进行裁剪；上传成功后，可对 LOGO 的位置、尺寸、形状和投影进行设置；单击左侧的"二维码"选项卡，如图 7-18 所示。

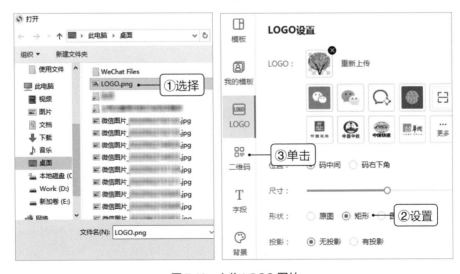

图 7-18　上传 LOGO 图片

通过对码颜色、码点、码眼、码眼颜色、码边距和容错率进行设置，美化二维码样式，完成二维码样式编辑后保存设置并返回下载页面，便可添加到不同的文案中，如图 7-19 所示。

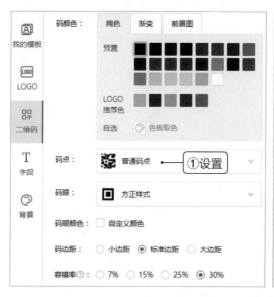

图 7-19　美化二维码

**拓展贴士**　*网址静态码和网址跳转活码的区别*

网址静态码指把输入的网址直接编码成为二维码，生成后无法修改网址，不能统计扫码量，适用于网址无须变更的情况。

网址跳转活码指系统自动分配一个短网址用来跳转输入的目标网址，把这个短网址生成二维码，扫码后可以实时跳转到目标网址并记录访问数据。后期修改目标网址时，因并未改变短网址，所以二维码图案不变。

## 7.2　文案流量从哪里来

在自媒体平台发布文案，可通过多种途径了解文案的关注度，包括阅读量、转发量、收藏量、点赞数等，这些数据直观展示了文案的影响力，也就是人们现在所说的流量，流量越多，文案越能创造价值。

### 7.2.1　适当的免费吸引更多读者

大众总是对免费的东西感兴趣，要想高效吸引读者，不提供一些"好处"怎么行呢，那么在文案中如何表现福利、提供优惠呢？常见的有以下几种方式。

#### （1）赠送红包

红包是微信平台推出的一项交易功能，一经上线就迅速流行开来，其火爆程度出乎意料，朋友家人之间通过发红包联络感情、传递祝福。现在很多企业针对红包功能，在文案中赠送红包封面，吸引读者点击，提高流量。如下面的实例所示。

**实例范本 ｜ ××品牌新年非遗之旅活动文案**

【标题】虎福红包，限量发送

【文案内容】

观夏壬寅虎年限定红包封面，数量有限，赠完即止。

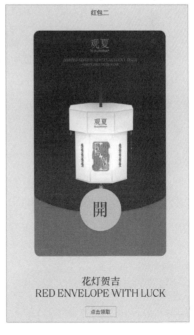

传承东方非遗工艺，手刻木版年画，欢迎你来体验。

该文案对品牌的特别活动进行介绍，又恰逢新年，因此选择赠送红包封面来吸引读者。首先在标题处透露赠送红包封面的信息，除此之外，没有对文案内容有任何提及，一个简单的标题就能吸引读者点击，高效提高文案阅读量。

文案开头按顺序嵌入几个红包封面领取链接，体现企业的诚意和祝福，并向读者表示所言非虚，点击即可领取，立马就能让读者参与互动。红包封面之后便是对非遗之旅的介绍，读者也有兴趣读下去了。

### （2）文末福利

很多书写者担心读者领取福利后便退出，因此将福利放在文末，这样读者在顺着文案往下滑的时候，多少会对文案内容有所了解。不过为了引流，文案要提前透露福利信息。如下面的实例所示。

**实例范本 | ×× 品牌夏日促销文案**

【标题】（文末领夏日礼包）雪糕刺客，退！退！退！

【文末内容】评论区讨论，心相印那些用了就离不开的产品，小印将随机选出 3 位点赞超过 10 个的心粉，送出安心礼包。奖品内容，卫生湿巾 80 片 ×1、湿厕纸 40 片 ×2，在看超 100 将增加至 5 名。

本文案文末为读者提供了福利礼包，书写者为了引导读者点击阅读，通过"附注＋主题"的结构编写标题，使标题被分成两个部分。书写者可借鉴该模式，基本模式如下所示：

【文末有礼】文案主题……

文末描写中，企业发起了评论互动，为了提高点赞量和在看数，特意提出抽选条件为"点赞超过 10 个"，且"在看超 100 将增加至 5 名"。书写者在书写文案时，也可以借用这种表达，需要哪方面的流量，就单独将该流量数据提出。如想要增加分享数量，便可在文案中提出"分享数量超过 1000 加赠 10 名大礼包"。

### （3）免费试用

一般新品上市的时候，为了推广促销，企业会发起试用活动，如下面的实例所示为兰蔻上新试用活动文案。

**实例范本 | ××品牌上新试用活动文案**

【标题】（本月试用）兰蔻焕肤修护凝霜全新上市！

【文案内容】

以打磨珍珠的灵感，重塑完美无瑕的亮泽肤质，开启迷人焕肤新时代。兰蔻焕肤修护凝霜，2015 年 6 月丝芙兰独家震撼上市。

革命性高效修护技术

双重活性分子：水杨酸酯与茉莉酮酸酯，帮助肌肤去除老废角质，生成新皮脂。

……

6 月 11 日起全国丝芙兰独家上市，现在开放全国首批试用！点击【阅读原文】即可申领，无瑕美肌，现在见证！

该实例为产品上新文案，全文分 3 个部分进行介绍。

①向大众宣布产品上新，上新时间是重要信息，要将年、月、日介绍清楚。

②详细介绍产品，护肤品主要从突破技术、成份、功效及使用步骤几个方面展开介绍。

③说明本次试用活动，包括时间、区域、试用申领途径等信息，方便读者参与活动。

同时，文案将试用活动在标题中抢先告知，若不采用这种方式，那么标题可能会变成以下这样。

兰蔻焕肤修护凝霜全新上市！

而原本的标题是这样的：

（本月试用）兰蔻焕肤修护凝霜全新上市！

对比两种标题，很明显前者除了告知上新信息没有任何吸引力；而后者则提供了两个信息——时间和活动。在实际书写时，"本月试用"可换为"免费试用"，全看书写者个人更想传递哪种信息。

### （4）抽奖活动

很多自媒体文案为了加强互动，会设置一定的抽奖条件，如评论区留言、参与问卷调查等，不过也可以换一种更为直接的方式，如图 7-20 所示，只需点击抽奖即可。虽然互动性降低了，但读者的体验好了很多，会提高其参与的积极性，使其对文案促销及推广的内容更感兴趣。

**图 7-20　点击抽奖活动**

本小节对不同的互动方式进行列举，都是以免费、赠送为噱头的福利活动。这些内容虽然自带引流特性，但如果不能让读者一眼知悉，就没有价值了，因此文案标题这个"阵地"不能放弃。

## 7.2.2　重大节日内容定制

节庆日大家轻歌曼舞、笑语盈盈，或欢聚或旅游，不为工作琐事烦恼，正是消费的时候。这种时刻，企业促销活动当然要跟上，重大节日的热度也要好好利用，并为此定制特殊的节日文案，但如何将主题内容与企业关联起来呢？

## （1）节庆科普

品牌可对节庆有关的习俗、传说、故事、文学艺术作品等进行科普，比起平时，读者在当天会对这些内容更感兴趣，这样可吸引读者点击，然后在文末自然推出品牌及产品。具体来看下面的实例。

**实例范本｜××品牌中秋促销文案**

中秋节，又称月夕、秋节、仲秋节、八月节、八月会、追月节、玩月节、拜月节、女儿节或团圆节。

◆　壹，赏月

据说此夜月球距地球最近，月亮最大、最圆、最亮，所以从古至今都有饮宴赏月的习俗。

◆　贰，追月

所谓"追月"，即是过了农历八月十五，兴犹未尽，于是次日的晚上，不少人又邀约亲朋好友，继续赏月，名为"追月"。

◆　叁，猜谜

中秋月圆夜在公共场所挂着许多灯笼，人们都聚集在一起，猜灯笼身上写的谜语，因为是大多数年轻男女喜爱的活动，在这些活动上也传出爱情佳话。

双节同庆，花好月圆，全国订奶 7 折起。

该文案共分为两个部分，第一个部分为中秋的习俗科普，第二个部分为企业的折扣信息。前面的内容是为了配合中秋节庆而编写，后面则是企业真正想要向大众传递的信息。

两个部分没有特别的联系，但表达上简单直接，首先开门见山提起中秋节，然后表达庆贺祝福，顺便说明中秋节福利，之后结束文案。由于内容简单、篇幅不多，所以无须多余的过渡语，中秋节的科普既是引言又是流量，能够帮助企业透露折扣信息即可。这类文案是最常见的节庆模板之一，书写者可以直接拿来套用。

### （2）节庆主题

不同的节日有不同的主题，如中秋节的主题是团圆，七夕节的主题是爱情，母亲节的主题是母爱，春节的主题是传统……书写者不用策划选题，就轻而易举地获得了总的方向，只需思考如何与企业产品相结合。

**实例范本│××品牌七夕促销文案**

每年七夕，总会被一些爱情故事占据。那些爱的故事，发生在生活的点滴里，可能是不经意的生活细节，是每时每刻的相互牵挂，爱是人间的烟火气，只要心相印。

爱在香气里。爱也是有味道的，是回家路上随手带回的那一束花香，是永远帮你备在包里的品诺手帕纸。

爱在默契里。默契是即使无言也能相互领会，是生活小事上的心有灵犀，是两人永远相随的CP配色。心相印品诺香氛手帕纸，经典沉稳的黑色，灵动清新的蓝色，是天生一对的默契搭配。

爱在细节里。关心是藏在琐碎而温暖的细节里，是随口说的一句话被认真记下，是每次吃完饭随手递过来的品诺手帕纸。心相印品诺香氛手帕纸，从原料到细节层层淬炼经典，四层柔软细腻交织，湿水后依然柔韧如初。

纸已备好，说出你的故事。爱在日日夜夜的小事里，爱是那些心与心相辉映的瞬间，趁七夕把爱说出来，评论区分享#你身边关于爱的故事#，我们将抽点赞前3名心粉，送出我们的纸巾一份。

本文案将"爱"与"心相印"用一句话连起来，十分精准地定义了爱情，既渲染了七夕的浪漫氛围，又自然地推广了品牌。书写者很好地利用了品牌的特色，或者说品牌名的概念。

全文案分3个部分对主题"爱的故事"进行说明，分别是"爱在香气里""爱在默契里"以及"爱在细节里"，同时又把这3个点变成产品的特色与优势，自然地引出促销的产品，并对产品简单介绍。

最后在与读者互动时，书写者也完成了一次产品与主题的呼应，即"纸已备好，说出你的故事"，再现了人们与朋友促膝而谈的场景，一起大哭、一起大笑，总少不了纸巾的陪伴。

（3）节庆送礼

节庆期间大家都要走亲访友，势必要互赠礼品，因此很多文案以送礼为主题，介绍送礼应该如何选择。具体来看下面的实例。

**实例范本｜×× 品牌七夕优惠活动文案**

七夕礼物都准备好了吗？都说礼物要实用？还要合乎心意？

最佳答案非纸巾莫属，小印搬来社交密码"MBTI"，准确挑出 ta 所需要的纸巾！

SP 型。玩乐 DNA 永远在出动，他们活在当下，喜欢外出吃吃喝喝的日常。

心相印茶语手帕纸，出行随身带，吃喝也自在。经典茶香，四层加厚，湿水不易破。

……

MBTI 将人格分为了四种气质类型，但连接彼此之间的爱只有一种，所有的节日不是为了礼物，而是提醒我们，不要忘记爱~

文案开头用问句引出主题"七夕礼物"，然后立马给出答案——纸巾，一问一答简单直白，但内容已经被推动。书写者利用时下流行的"MBTI"概念，将朋友分为几类，不同类型适合的礼物不同，这样既能展示文案的细致，同时能推广不同的产品。

最后进行总结，将送礼与朋友间的爱联系起来，升华主题，呼应节庆氛围。

（4）节庆活动

节庆的各种活动对书写者来说也是很好的选题素材，如赛龙舟、赏月、放烟花、踏青、猜灯谜等，都可以运用在文案中，与主题相联系，或是与读者互动。如下所示，先对元宵灯会进行描述，然后顺理成章地邀请读者参与灯谜大会。

元宵节的快乐源泉，不仅是一碗热乎乎的元宵，还有璀璨灯火相伴。

曾经有诗人这样描述，元宵节的燃灯盛况，接汉疑星落，依楼似月悬，热闹氛围可见一斑。

形状各异的彩灯，不仅增添节日氛围，也代表着人们对美好生活的期待。

阖家团圆，万事顺心，新的一年虎虎生威。

上例借用元宵灯会猜灯谜的活动，与读者进行互动，既可以增添元宵节的热闹，让读者体会传统节日的有趣，又可以提高互动率，做到了节日元素与引流两手抓。

### 7.2.3　公益推广更加自然

很多企业尤其是大型企业，都将公益作为自己的经营活动之一，公益活动能够体现品牌的公共责任心和文化价值，能够帮助企业获得大众的好评。

在公益活动中推广品牌不会让大众厌烦，还自带感染力，吸引读者的同时，还能让其想要加入其中，下面来看麦当劳的公益活动文案。

**实例范本** | ×× 品牌公益活动文案

北京麦当劳叔叔之家一周年啦~

99公益日即将到来之际，北京"麦当劳叔叔之家"也正式启用一周年了！这一年来，它累计服务了超过80户异地就医的贫困患儿家庭，为他们提供了近2200个安睡的夜晚。

除了北京"麦当劳叔叔之家"，还有另外2所"麦当劳叔叔之家"，分别位于上海和湖南长沙。它们为异地就医的贫困患儿家庭提供温馨的免费住所，用爱"治愈"着生病的小朋友。

一起为"家"添砖加瓦，这个"家"，由我们共同温暖！麦麦邀你一起，支持"麦当劳叔叔之家"，帮助更多异地就医的患儿家庭。

……

评论区留下你想对"麦当劳叔叔之家"的小朋友们说的话，揪3位请吃饭~（30元餐券，3位）

文案开门见山，首先告诉读者这一年中企业做了什么，围绕公益活动的名称、帮助人群、成果和发展进行介绍，接着邀请读者加入，并插入小程序方便读者参与公益活动。最后，在读者被公益项目打动感染之后，再邀请其在评论区互动，这样获得的评论数量一定很可观。

一般来说，通过公益引流的文案，其写作思路基本为：

企业做了什么→加入我们

除了介绍企业发起的公益项目，文案还可以从企业的员工入手，通过"以小见大"的视角来推广品牌精神、宣传品牌理念。如下面的实例所示。

**实例范本** | ×× 品牌公益活动文案

人的一生中，会有千万次与他人的擦肩而过，有些人走过，不带走一片云彩，而有些人却在交汇的那一刻，予你美好，留下芬芳，温暖你的前行之路。在肯德基，就有这样一群志愿者，用心呈现美味之外，在生活和工作中，向世界和身边的人传达动人善意。

进入中国 35 年，肯德基犹如不断向前的列车，沿途创造精彩"食"刻，也留下斑斓的公益行迹，肯德基号召员工一路与美好为伍，在今年全新的品牌愿景"一起自在"引领下，带领消费者不断驶向下一站幸福的旅程，以同行的视角传递品牌价值的温暖与精彩。

火热夏日，肯德基从餐厅员工中，选出 3 名有故事的伙伴，担当"一起自然自在"主题品牌大使，他们行善不张扬，是星系中光芒温润的存在，充分发挥自身的光热，用动人善意释放肯德基式"公益浪漫"。

......

坚持"爱的肯定"公益理念，并以餐厅员工的公益善举与志愿精神，向全社会展现纯粹、自在的品牌内核。如今，扎根中国 35 年的肯德基，更是时刻以"家人"的姿态，向消费者表达着爱与温暖的品牌问候，这份来自身边的温暖触手可及、清晰可见，更温暖人心。

未来，肯德基将继续通过品牌公益善举，携手更多出色的肯德基员工志愿者，一起创造更绿色、更善意、更共融的公益家园，并在全新品牌愿景的指引下，尽情盛放并传递出爱的力量。

员工是企业的一部分，汇聚员工的善举也能展示企业的面貌。该文案对企业员工的各种善举进行罗列，并表达企业的赞同和鼓励。

全文通过"引言—品牌活动介绍—公益人物故事（已省略）—提出公益理念—未来倡导"的写作逻辑，完整展现了品牌的公益形象。文案着眼于员工，更能增加亲切感，毕竟大众对一线的员工更熟悉，他们的美好品质让大众更加放心。

## 7.2.4 热点事件不能放过

热点事件即在生活或网络中引起讨论，或具有重大影响力的事件，这类事件有非常强的流量属性，受众人关注或欢迎，企业可对这类事件加以利用，不要浪费好的素材。

### （1）国民事件

国民事件当然是指关注度最大的事件，并且是全民关注，如奥运会，瞩目程度无可比拟，遇到这样的机会，企业当然要把握住。如下的实例所示为松下发布的"松下奥运时刻"文案，全方位介绍松下如何参与 2022 年冬奥会。

**实例范本｜松下品牌"松下奥运时刻"文案**

北京 2022 年冬奥会将于 2 月 4 日、北京 2022 年冬残奥会于 3 月 4 日在北京开幕。松下支持奥运会 34 年，支持残奥会 24 年，持续为历届奥运会提供先进的技术、优质的产品和良好的服务。本次北京 2022 年冬奥会和冬残奥会，智慧与科技的广泛应用将成为盛会的一大亮点。无论是场馆建设、基础设施，还是音视频系统，随处可见的科技应用场景，让中国"智"造为奥运会赛事保驾护航。

北京 2022 年冬奥会和冬残奥会分北京、延庆、张家口 3 个赛区，共计 41 个场馆，其中，竞赛场馆 12 个、非竞赛场馆 29 个。为了向观众传递赛事的精彩和感动，身临其境地感受北京冬奥会冰雪运动的速度与激情，松下为北京冬奥会的各个场馆提供专业的音视频系统解决方案，以支持场馆运营。其中包含高亮度的激光工程投影机、场馆中大尺寸 LED 显示屏和 RAMSA 专业音响系统，以及极具沉浸感的专业音视频转播系统。通过这些设备技术，让场内外观众都能尽享竞赛氛围，拥有极致的观赛体验。

……

松下自创立以来，始终致力于提高人类生活水平和实现更美好的社会，不断创新，追求卓越。面向北京 2022 年冬奥会和冬残奥会，松下也将继续助力全民尽享激情时刻。

文案开头对全文背景进行说明，首先一句话说明本次事件的基本信息，然后讲述松下品牌与奥运会的渊源，接着概括本次奥运会松下做了什么。

正文部分详细说明松下从哪些方面参与冬奥，全文以"总分总"的结构展开叙述，结束部分总结升华松下品牌的追求和对冬奥的希冀。借助冬奥的热度，让更多的人知道了松下的尖端技术。

### （2）娱乐活动

娱乐活动即指各种音乐、体育、影视活动，大家的日常生活被各类娱乐活动充斥，这些活动自然会受到或多或少的关注，有关注就有热度，就能为企业引流。具体来看下面的实例。

---

**实例范本｜理象国品牌娱乐活动文案**

从这个春天开始，理象国 × 草莓音乐节，将在 12 个城市，陪你们放肆撒欢儿，一起摇滚，用饺 battle！

01 五一假期，狂欢开启

武汉，来玩撒！对武汉的初次印象，率真、洒脱的江湖性格，却自带樱花体香，今年草莓音乐节终于回归武汉，而我们也在这个春天加入，期待大家与小象的相遇，一起吃饺，一起躁！

......

02 音乐节美食指南

知道大家在现场又唱又跳，会很累，我们为大家准备了花式煎饺、炸酥肉和理象国特饮，随时为你们补充能量！吃饱饱，才能蹦高高！饺个朋友，嗨到酥！

03 晒合照获小象周边

晒出你和我们的合影，在微博 / 小红书 @理象国，或发朋友圈现场出示给工作人员，即可获得理象国周边礼物一份。

品牌与音乐节合作，可将关注音乐节的人都吸引过来。文案分为 3 个部分，分别对音乐节、美食和互动活动进行介绍，以音乐节引流，介绍品牌产品，邀请读者参与品牌策划的活动，最大限度地利用了音乐节的热度。

在文字描写上，书写者用同音字的特点，将产品自然嵌入文中，如"用饺 battle""饺个朋友"，将流量转到了产品上。

扫码做习题

扫码看答案

# 第8章　公司文案写作实例取长补短

　　在不同的场合，为了达到不同的目标，企业向大众传递信息的方式各有不同。书写者只有了解这些文案类型，才能更游刃有余地向外界展示企业，本章就将对不同的企业文案类型进行介绍。

详述型文案呈现品牌
单句型文案引导关注
视频文案提高投入度
总结型文案看到成果
平面媒体文案书写

扫码获取本章课件

# 8.1 文案的常见类型有哪些

文案类型各有不同，不同类型的文案在写作重点、写法上会有所不同，书写者应对常见的几种文案类型有所了解，并掌握基本的写作技巧，这样便可举一反三，不断提升自己的文案写作能力。

## 8.1.1 详述型文案呈现品牌

详述型文案与促销类文案有很大的不同，这类文案不针对特定的主体，而是对公司的各项内容进行详述，包括公司简介、经营产品、品牌故事、品牌发展、核心优势、品牌理念、品牌文化等，凡是与企业经营有关的都可叙述，力求全方位展示品牌，让有兴趣了解品牌的读者得到详细的信息。

详述型文案的编写目的和编写内容决定了它的正式性，书写者不需要运用各式各样的表达技巧，只需要厘清写作逻辑和写作内容，翔实介绍即可。详述型文案的呈现方式有多种，书写各有侧重，下面来详细了解。

### （1）品牌官网介绍

一般大中型企业都会建立自己的品牌官网，向大众提供了解品牌、购买产品和获取售后服务的平台。如图 8-1 所示为华为手机品牌的官网，在首页菜单栏中可以看到品牌提供的多个内容入口。

图 8-1　华为手机品牌官网

　　值得注意的是"关于华为"板块,这是品牌特设的展示板块,也是各品牌官网的保留板块,其中会从各个方面介绍品牌,如图 8-2 所示。

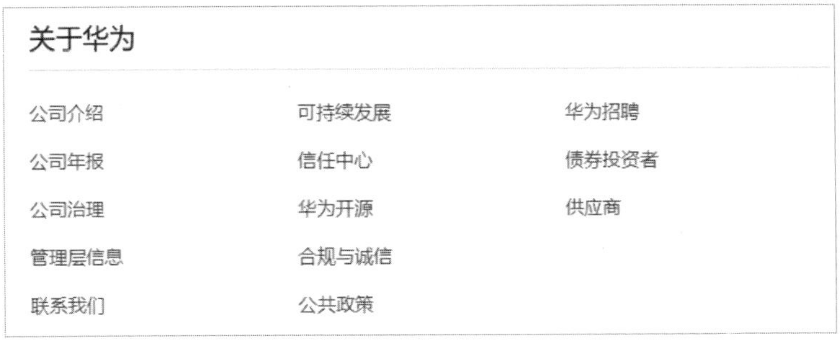

| 关于华为 | | |
| --- | --- | --- |
| 公司介绍 | 可持续发展 | 华为招聘 |
| 公司年报 | 信任中心 | 债券投资者 |
| 公司治理 | 华为开源 | 供应商 |
| 管理层信息 | 合规与诚信 | |
| 联系我们 | 公共政策 | |

图 8-2　品牌官网的保留板块

　　可以看出越是大规模的品牌,需要向大众呈现的信息就越多。书写者要提前确定需展示的内容,结合网站的特点分页叙述,在不同的页面展开叙述不同的内容,如图 8-3 所示。

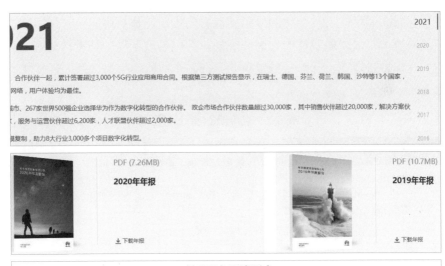

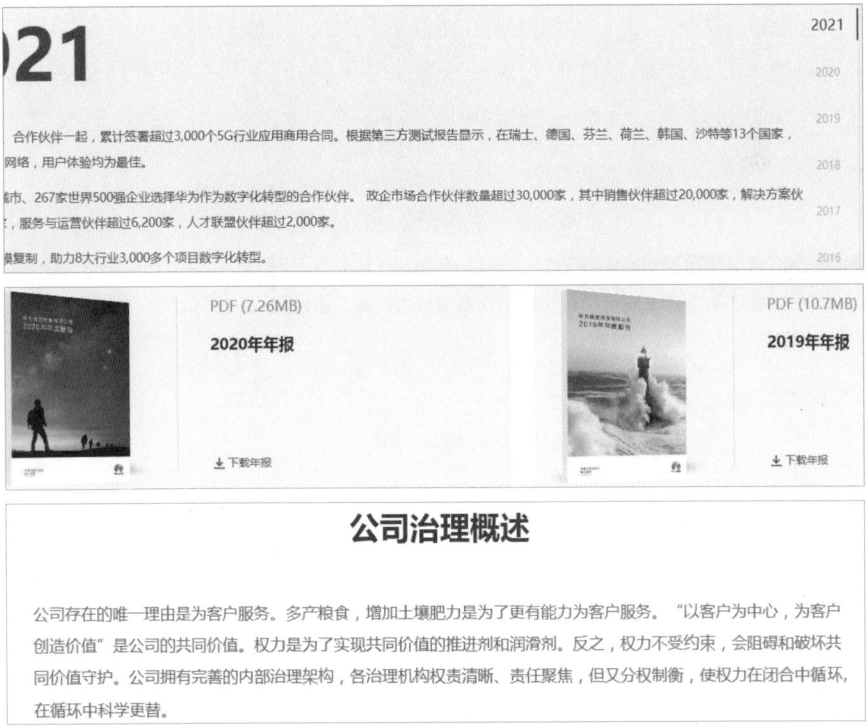

图 8-3　关于品牌的各方面介绍

图 8-3 分别展示了公司介绍、公司年报和公司治理页面的部分内容，由此可以一窥网页的内容表现方式，虽然内容正式严谨，但表现形式却很多样，各内容都有合适的呈现方式。

如第一张图是公司介绍的"发展历程"部分，可以看到右侧的时间轴，书写者按照年份呈现每一年的要点内容；第二张图则罗列了各个年份的企业年报，读者可单击任一年报进行阅读；第三张图对公司治理进行概述，采用最常见的文案呈现方式，以"总分总"结构书写，简单直白。

## （2）宣传手册

企业宣传册一般以纸质材料为直接载体，以企业文化、企业产品为传播内容，是企业对外非常直接、形象、有效的宣传形式，它是企业宣传不可缺少的资料，它能很好地结合企业特点，清晰表达内容，快速传达信息。

一本好的宣传册包括环衬、扉页、前言、目录、内页等，还包括封面、封底的设计。宣传册设计讲求一种整体感，从宣传册的开本、文字艺术到目录和版式的变化，从图片的排列到色彩的设定，从材质的挑选到印刷工艺的质量，都需要做整体的考虑和规划，然后合理调动一切设计要素，将它们有机地融合在一起，服务于企业内涵。企业宣传手册包括的视觉元素如表 8-1 所示。

表 8-1　宣传册的视觉元素

| 元素 | 编写原则 |
|---|---|
| 文字 | ①字体的选择要便于识别，容易阅读。<br>②字体的变化不宜过多，标题或提示性的文字可适当地变化，内文字体要风格统一。<br>③文字的编排要符合阅读习惯，每行字数不宜过多 |
| 图形 | ①具象图形为主，抽象图形为辅。<br>②图形的选择要紧扣主题，不是简单地罗列、拼凑 |
| 色彩 | ①从整体出发，选择能充分体现主题内容的基本色调。<br>②考虑色彩的对比与调和关系。<br>③运用商品的象征色增强传达效果，如食品、电子产品、化妆品、药品等在用色上有较大的区别。<br>④打破常规用色的限制，根据表现的内容或产品特点，设计出新颖的用色 |

那么，在具体书写时，企业宣传手册应该包括哪些内容呢？主要有如下几项：

**公司简介。**该部分所占篇幅较小，简单介绍企业名称、法律性质、开办地址、设立时间、所属行业、注册资金、建筑面积、技术装备条件；生产经营范围、主要产品结构；企业发展战略、经营理念等情况。配上能代表企业形象的图片，让读者在最短的时间内对企业有基本的了解。

**核心技术。**对公司的主打产品及核心技术简单说明，不需要详细介绍，可采用多配图的方式达到宣传目的。

**先进设备。**设备的多少能体现企业的规模，若是生产型企业，还有必要介绍其所用设备及车间。展示生产流程的同时，让读者看到企业的先进、正规。

**资质荣誉。**企业获得的资质及荣誉可通过图片进行展示，务必要让读者一目了然，用最直接的方式展示企业的亮点。

**团队。**对企业的基本结构进行介绍，着重说明有哪些高端人才，用人才提升企业的水准，让读者看到企业长远发展的资本。

**企业文化。**主要向读者说明企业的愿景、服务宗旨、价值观、经营理念等，能展示企业的形象气质。

除了上面介绍的两种详述型文案，在不同的商业场合，企业还可利用品牌 PPT、招商宣讲等形式向用户和合作方传递企业的各方面信息。

## 8.1.2　单句型文案引导关注

人们的时间都非常宝贵，碎片化阅读已成为主流，因此企业的信息传递也应该与时俱进，换一种方式也许效果加倍，单句型文案应运而生。顾名思义，单句型文案指文案内容只有一句话，读者可快速浏览、快速理解、快速获得信息。

单句型文案有多种形式，主要包括两大类，下面分别进行介绍。

### （1）品牌标语

品牌标语就是人们通常所说的 Slogan，如耐克的"Just Do It"，这类口号或标语往往短小精悍，可印在平面广告、招贴广告和企业宣传册上，不断加深大众的印象。

标语可以是对品牌概念的总结，也可以针对单一产品，如图8-4所示。

图8-4　品牌标语

（2）标题

"标题党"是近年火起来的概念，指用夸张的标题吸引人点击查看，但内容却与标题大相径庭，发布者以此赚取网络点击量。虽然我们并不提倡标题党，但是标题的意义却是十分重要。如图8-5所示。

图8-5　文案标题呈现

在阅读报纸杂志时，人们都是先看大字标题，再决定文章是否可读，而网页内容呈现的方式则更强调标题的重要性。为了在网页中展示更多内容，标题已经有了索引的功能，书写者切记不要忽略标题的引流性。

### 8.1.3　视频文案提高投入度

文字、图片和视频这 3 种表现形式，哪种更具吸引力、更能获得大众关注呢？答案不言而喻，律动的画面、声波的刺激，使视频能无孔不入地挑动大众的感官。视频文案在现如今又有了进一步的发展，一起来认识吧。

（1）短视频文案

短视频即短片视频，是一种互联网内容传播方式，一般是在互联网新媒体上传播的时长在 5 分钟以内的视频。随着移动终端普及和网络的提速，短视频内容逐渐获得各大平台、商家、网民的青睐。

不少企业利用短视频宣传自己，且内容、形式不受限制，视频主题可以是技能分享、幽默搞怪、时尚潮流、社会热点、街头采访、公益教育、商业定制等。由于内容较短，这些视频可以单独成片，也可以成为系列栏目。如图 8-6 所示为品牌短视频宣传文案。

图 8-6　品牌短视频宣传文案

图 8-6 所示的短视频，通过不同的方式来宣传企业。左图以视频直观展示产品的发货流程，让大众看到企业采用的先进设备，了解产品运输背后的高效。

右图则以浪漫的情调渲染品牌带给消费者的不凡体验，彰显品牌的高端和品位，与品牌形象相符。

### （2）视频广告

过去人们对电视广告非常熟悉，在电视作为主流媒体时，企业往往会在电视上投放广告，以提高传播度。现在，手机 App 成了主流媒体，广告又转移到了手机 App 上。如图 8-7 所示为某视频网站热门剧集的片头广告。

**图 8-7　某视频网站热门剧集的片头广告**

在热门剧集、综艺、电影的开头或中间部分插入视频广告，已经成为较为常见的宣传方式了，优质的视频画面结合创意文案，让读者不自觉地被感染。

## 8.1.4　总结型文案看到成果

总结型文案是对企业一段时间的工作进行盘点，使工作成果白纸黑字地呈现，让所有人都能看到。在企业内部这类文案非常常见，在企业庆典、各类活动、内部会议等场合都有可能用到。下面来看看其具体的书写形式吧。

（1）工作总结

当工作进行到一定阶段或告一段落时，企业需要回过头来对所做的工作认真地分析研究，肯定成绩、找出问题，归纳出经验教训，提高认识，明确方向，以便进一步做好工作，把这些分析研究过程用文字表述出来，就叫作工作总结。其中，以年终总结、半年总结和季度总结最为常见和多用。

书写工作总结要用第一人称，即要从本单位、本部门的角度来撰写，表达方式以叙述、议论为主，说明为辅，可以夹叙夹议。一般来说，工作总结的内容包括以下4部分：

**基本情况。**这是对自身情况和形势背景的简略介绍。自身情况包括单位名称、工作性质、基本建制、人员数量、主要工作任务等；形势背景则包括国内外形势、有关政策、指导思想等。

**成绩和做法。**工作取得了哪些主要成绩，采取了哪些方法、措施，收到了什么效果等，这些都是工作的主要内容，需要较多事实和数据。

**经验和教训。**通过对实践过程进行认真分析，总结经验、吸取教训，发现规律性的东西，使感性认识上升到理性认识。

**今后打算。**下一步将怎样纠正错误，发扬成绩，准备取得什么样的新成就，不必像计划那样具体，但一般不能少了这些内容。

下面通过具体的实例来看看工作总结该如何书写。

**实例范本｜××担保公司综合部一季度工作总结**

综合部负责公司后勤管理、制度建设、档案管理、人力资源管理、劳资管理、日常行政管理等工作。2022年一季度，经过综合部全体人员的共同努力，较好地完成了各项本职工作。现将重点工作总结和下一季度工作计划汇报如下。

一、公司人事劳资、证照年检等工作

1.完成了公司的证照年检工作。每年1月到3月证照审核、集体合同备案、书面审查、更换工资手册等。

2.年初办理了三证合一，并到相关部门变更三证合一的信息。

3.一季度共办理了三位同事人事关系转入、五险一金的转入与补缴。

4.公积金开通网上办公并参加培训，将公积金比例从15%调整为12%。

二、后勤行政工作

1.担保一季度共组织召开项目预审会十次，审保会八次，共通过六个项目。

2.担保办理开通天津中征信息网和中国人民银行征信中心业务。

3.公司员工的考勤登记，每月初公布考勤情况，结合实际情况，扣罚工资。

4.档案管理，劳动合同续签，银行授信入围材料整理等工作。

5.按时上报金融办报表，配合金融办现场检查，完成金融办、金融协会和小贷协会临时上报的工作。

6.及时将上级公司文件通知按照领导的指示向各部门传达，并全程跟踪。

7.及时将各部门的需求、建议向领导反映，并按指示协调相关部门执行。

8.加强公司的固定资产和办公用品管理，规范购买程序，采取按需购买、谁使用谁负责、以旧换新等原则，避免人为损失和浪费。

9.定期检查公司的水电和消防设备、更换灭火器。

三、配合上级公司完成的工作

1.配合上级公司筹备组织各项会议。

2.配合上级公司完成员工信息登记表和岗位说明书。

3.配合上级公司，安排全员培训。

4.配合上级公司组建金控公司行政管理中心工作。

5.配合上级公司完成临时安排的工作等。

四、工会工作

在工会经费限额内，为员工购置福利、生日券等，使员工体会到公司温暖。

五、下一季度工作计划

（一）继续开展劳资管理工作

劳资工作琐碎繁杂且环环相扣，各项手续缺一不可。下一季度主要工作是核定小贷公司工资手册，医保7月变更基数，残疾人保障金的核定，新进员工各项保险手续的办理。

（二）完善担保办公平台的使用管理

规范办公平台使用要求，督促业务部项目受理和平台录入时间保持一致。

（三）办公成本控制管理

本着厉行节约、绝不浪费、保障及时的原则，确保购买及时、发放及时，控制成本增长。

（四）加快人才队伍建设

配合领导完成招聘计划，培养新进员工，加快人才队伍建设。

该实例为某公司综合部一季度的工作总结，因此文案篇幅不多，全文以总分结构展开叙述。

开头概述部门工作职责，然后肯定了部门人员的表现，最后用一句过渡语引出下文。该部分是文案的引言，所以一、两段文字足矣，将期限内的工作根据、指导思想以及对工作成绩的评价等内容简明扼要地写清楚即可。

正文分为 5 个部分，并用小标题进行概括，对这一季度的主要工作分项说明，采用横式结构，按先后顺序，先写完成的工作，再写下一季度的工作要点。这部分篇幅大、内容多，所以尤其要注意层次分明、条理清楚。

---

**拓展贴士**　*工作总结正文常见结构*

根据内容的不同，书写者可按适合的结构书写，更有条理，常见的有纵式结构和横式结构。

①纵式结构即按照事物或实践活动的过程安排内容，按时间顺序分别叙述每个阶段的成绩、做法、经验、体会等。这种写法主要用于工作回顾和总结经验教训。

②横式结构指按事实性质和规律的不同，分门别类地依次展开内容，使各层次之间呈现相互并列的态势，这种写法的优点是各层次的内容鲜明集中。

---

对于总结类文案，书写者必须清楚写作的重点，时间跨度越长越要选择有价值的信息。如果将工作总结涉及的方方面面、细枝末节也写进去，会让人觉得索然无味、摸不清要点。无论谈过去的成绩、存在问题，还是总结经验教训，都不需要面面俱到，找到最要紧的那几项进行深入细致的分析即可。

## （2）收官战报

收官战报是指活动接近尾声时对取得的成绩进行总结的文案，书写者需对活动的各项数据进行分析、分类、筛选，最后得到收官战报。大众可据此了解活动中关键的信息，这也是企业向大众展示实力的一次机会。

企业活动的收官战报可以用文字表示，也可以用图片展示，下面来分别了解。如图 8-8 所示为京东农特产购物节的收官战报。

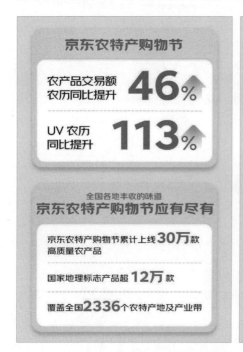
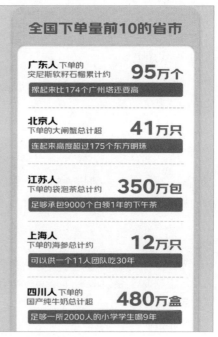

图 8-8　京东农特产购物节收官战报

从图 8-8 中可以看到，用图片的方式呈现数据更加直观，通过上升符号、标粗数字、不同颜色对比和排版，可以轻松引导读者看到关键的信息。同样的收官战报，其文字版如下。

9 月 7 日到 25 日，历时 19 天的首届"京东农特产购物节"终于结束了。本届京东农特产购物节累计上线 30 万款高质量农产品，国家地理标志产品超 12 万款，覆盖全国 2336 个农特产地及产业带。全民消费热情高涨，农产品交易额农历同比提升 46%、UV 农历同比提升 113%。

各地优质农特产品借此活动火热上市，消费者也不甘示弱，各地都有不俗表现。其中，北京人下单的大闸蟹总计超 41 万只，连起来高度超过 175 个东方明珠；江苏人下单的袋泡茶总约 350 万包，足够 9000 个白领一年的下午茶；广东人下单的突尼斯软籽石榴累计约 95 万个，摞起来比 174 个广州塔还要高……

文字版虽与图片内容一致，但在表现力上差了许多，因此现在企业多选用图片呈现文案内容。

### （3）活动典礼发言稿

在企业的一些活动典礼上，品牌领导会在开始或结尾时进行演讲，不仅会对活动内容进行介绍，还会提及品牌成绩及发展。下面通过一个实例进行了解。

**实例范本 ｜ ×× 网站 11 周年庆典演讲稿**

大家晚上好，我是 ××。今天是哔哩哔哩的 11 周年庆，感谢大家在过去 11 年里对 B 站的热爱、陪伴与支持。正是你们一如既往的热爱，才成就了今天的 B 站。

从去年的十周年庆开始，我计划每年的 6 月 26 日都以这样的形式，与大家做一个交流，汇报 B 站在过去一年的工作。

过去一年是 B 站蓬勃发展的一年，尤其是在跨年晚会之后，B 站的影响力在进一步扩大。

……

今天，我也以数据来向大家说明，B 站到底哪些变化了，哪些没有变。

首先，我们 B 站的用户确实变多了。根据 2020 年第一季度财报，月度活跃用户是 1.72 亿——是 3 年前的 3 倍，5 年前的 10 倍。

……

过去一年我们会发现与科技、知识、财经、职场相关的很多新的内容，在 B 站逐步地兴起。

接下来我也用数据来说明 B 站没有变化的一些点。

……

这就引出了一个新的问题。

B 站它应该变到什么方向去？它应该发展成为一个什么？什么是 B 站？这个问题仍然是一个主观的问题，它也许也是个复杂的问题。B 站到现在 11

周年，最早用 B 站的那批用户，如果当时 20 岁的话，现在也已经 30 多岁，在过去 10 年里面内容不断在发展，流行的东西也不断在变化，大家的喜好也在与时俱进。

我们每个人的眼中都有一个每个人喜欢的 B 站。B 站到底是什么？我们现在有这么多的 UP 主，我们现在有这么多的内容品类，我们聚在这里的共性是什么？我们在这里看到的内容的共性是什么？我们未来的目标是什么？其实这个问题我在两三年前已经得出了我的答案，我在 B 站上面发表了两个专栏，提出了我认为的 B 站的三个使命。

B 站的第一个使命我认为是：要构建一个属于用户的社区，一个用户感受美好的社区。

……

在我看来，哔哩哔哩社区最重要的两条价值观，第一是公正，第二是包容。

……

我希望看到那样的一天。今天是哔哩哔哩 11 周岁的生日，最后我想表达的还是感谢。感谢过去 11 年来支持和帮助我们的伙伴，感谢我们的用户，是你们的热情、支持，激励着我们走到今天，感谢我们的 UP 主，感谢你们的才华，你们创造出多姿多彩的内容。感谢所有在 B 站成长过程中喜欢、支持我们的人，谢谢大家。

祝 B 站 11 周岁生日快乐！

整篇发言稿用逐渐深入、循序渐进的书写逻辑展开发言，开头语是必不可少的，一来对主体内容进行铺垫，二来需要向来宾打招呼。一般来说，发言稿的第一句都是"打招呼 + 自我介绍"，然后感谢来宾参加活动，接着对品牌过去的成绩笼统说明。

概括介绍企业成绩后，为了让来宾对企业发展有更细致的了解，文中通过变与不变的逻辑让内容更显层次、更有关联，过渡语也更易书写，比起一条条罗列，有逻辑的行文便于读者理解。

在变与不变中自然引出企业面临的问题，再由问题引出企业的使命与价值观，这是能代表企业的核心内容，能够体现企业的积极应对和不忘初心。

最后用展望未来结束，再次表示企业的感谢，有始有终。发言稿结尾常用祈使句来渲染情绪，为活动预热。

# 8.2　不同平台的文案书写

企业根据需要可选择不同的平台发布文案，但不同的媒体平台有各自的特色，文案内容应尽可能符合平台特性，才有可能传播得更广，获得平台用户的青睐。

## 8.2.1　平面媒体文案书写

报纸、杂志等传统媒体通过单一的视觉、单一的维度传递信息，不同于电视、互联网等立体媒体，通过视觉、听觉等多维度传递信息的方式，因而被称作平面媒体。

虽然受到立体媒体的冲击，但传统的平面媒体仍有较大一部分受众，因此也成了很多企业的宣传阵地。然而面对各式平面媒体，企业该如何选择呢？这主要考虑以下几方面。

◆ **平面媒体的属性**。如时尚杂志、商报、日报、文创杂志等，属性不同，媒体上刊登的内容也不同，宣传文案的内容也要相符。

◆ **平面媒体的覆盖面**。平面媒体与网媒最大的不同便是地域限制，除了影响力较大的几家平面媒体，很多平媒都只在当地发布，企业应该将消费者分布与媒体投放范围结合考虑。

◆ **受众年龄段**。平面媒体的受众年龄普遍偏大，更适合生活类产品、汽车产品等内容投放。

◆ **受众的职业属性**。有的平面媒体为行业提供专属内容，受众也为专业人士，不同职业的人关注的东西可能有很大区别。

◆ **版面篇幅**。一般来说，报纸的版面更大可以表达的内容更多，但在实际书写时，还是要控制篇幅，因为篇幅越大、成本越高。因此，书写者要抓住内容重点进行表达。

由于平面媒体的文案呈现方式较为单一，因此书写者要尤为注意以下几点，从而不断提高文案吸引力。

①突出标题，在密密麻麻的一堆文字中，只有图片和标题能够脱颖而出，标题要简洁而有创意。

②文案内容有特色、有重点、有趣味性。

③多点创意编排，如跨版式编排、分割版面编排、图文结合编排等。

④越是字多的平面媒体，投放文案留白越要多。

⑤降低阅读难度，表达可以更直接一点。

## 8.2.2　微博文案书写

微博是指一种基于用户关系信息分享、传播以及获取，通过关注机制分享简短实时信息的广播式社交媒体、网络平台。微博允许用户通过Web、Wap、Mail、App、IM、SMS以及PC、手机等多种移动终端接入，以文字、图片、视频等多媒体形式，实现信息的即时分享、传播互动。

微博提供了这样一个平台，你既可以作为观众，在微博上浏览你感兴趣的信息；也可以作为发布者，在微博上发布内容供别人浏览。发布的内容一般较短，普通用户有140字的限制，同时你也可以发布图片，分享视频等。微博最大的特点就是发布信息快速，信息传播的速度快，例如你有200万听众（粉丝），你发布的信息会在瞬间传播给200万人。

截至2021年9月，微博月活跃用户达5.73亿，巨大的流量让很多企业入驻微博平台，发布宣传推广内容。由于微博内容有字数限制，因此文案都以简短为主，如图8-9所示。

图8-9　宝马中国微博文案

在微博平台书写文案，需要书写者注意哪些问题或者运用哪些技巧呢？一起来认识一下吧。

### （1）运用好话题

微博的传播以话题作为发散源头，编写或引用有吸引力的话题，可能比文案本身更重要，有的微博文案还会带上两个及以上的话题。如图 8-10 所示。

驭见未来，需要多久？作为#2022世界新能源汽车大会#合作伙伴，BMW携创新BMW iX、新BMW iX3、全新BMW i3、创新BMW i4以及旗舰豪华新能源车型创新BMW i7集体亮相，BMW同时还为嘉宾提供会议用车服务，以#超越电动#的姿态，引领出行新体验，解锁"未来进行时"！

图 8-10　微博文案话题

微博话题可以是自己创造的，也可以是热搜榜上的话题。值得一说的是，能够上热搜的话题一定有庞大的流量，很多书写者可能觉得加以运用能够提高文案的阅读量，但与文案内容不符的话题只会拉低内容的档次、降低大众对企业的信任度，因此书写者一定要考虑话题与文案的适配度。

那么，能作为微博文案话题的类型有哪些呢？常见的如表 8-2 所示。

表 8-2　微博文案话题类型

| 类型 | 示例 |
| --- | --- |
| 节气 | #大暑#，你选什么模式降温？试试 BMW 精英驾驶"冰天雪地"模式，仅限今日 |
|  | #惊蛰#时节，万物复苏，肌肤更需要是如此赋活的力量 |
|  | #清明节#想说的话放在心里，看朦胧春色过烟雨 |
|  | #七夕#位置给你留好了，情侣评论区报到！ |

续表

| 类型 | 示例 |
|---|---|
| 品牌相关 | #BMW TGIF# 太阳已下山，要一起看星星吗？ |
| | 在 #Bimmer# 心中，哪款车是 BMW 的颜值天花板？ |
| | #ART BMW# 自然捕手初登场，Ken Done M3 Group A 1989，多彩的艺术座驾就此诞生！ |
| 品牌活动 | 和 #BMW i# 来三亚看海！乐享自驾，扫码预约 #i Tour 灵感假期 # |
| | # 天猫超市开学季 # 开学啦！小仙女们是否想带着美好的心情，迈着自信坚定的步伐走向一个新的开始呢？ |
| | 一个视频带你回顾第十届蓝月亮节启动仪式！一起期待一下接下来蓝月亮节给大家带来的惊喜吧 # 全民运动助力计划 # |
| | # 洗衣机清洁大作战 # 你的洗衣机真的干净吗？表面干净的洗衣机，实际上会残留很多污垢，久而久之容易滋生细菌！ |
| | 斗志重燃，共赴山海召唤，#2022 BMW 越山向海人车接力中国赛 # 首站张家口站将于 8 月 6 日正式启动！ |
| 产品相关 | 每一个我，都是我本色！#DW 持妆粉底液 # 真正持妆无瑕，每一面，够本色，玩不脱！ |
| | 40 年以来，小棕瓶有幸陪伴你们，度过每个日与夜，见证时光中的成长和蜕变。接下来的日子，# 第七代小棕瓶 # 和你们一同开启 # 黄金夜修护 #，继续与夜俱进！ |
| 广告标语 | # 魔力一下 洁净全家 # 8 月 26 日，# 京东超级品类日 # 洁净嘉年华好物低至 1 元！ |
| | 这个夏天，用汗水去征服，用信念续写关于 # 每一公里都不平凡 # 的故事！ |

### （2）提高互动性

微博文案的流量以点赞、评论和转发的数量作为评估，因此，微博文案自带互动属性，书写者可在文案中明示或暗示读者参与互动，吸引粉丝关注，这样内容才会被更多人看到。如表 8-3 所示为互动内容的书写方式。

表 8-3 互动内容的书写方式

| 书写方式 | 示例 |
| --- | --- |
| 暗示 | ①发出品牌邀请，如："叮！馥郁沁甜的「满杯燕麦桂香拿铁」向你抛来赏味邀请～秋天少不了的桂花香，融入 Oatly 燕麦奶，再融合甄选醇正阿拉比卡咖啡，兔兔咖啡师的秋日特调，满杯桂香拿铁系列 2 杯 29 元起！"<br>②使用问句，如："太卷了，还有更卷的小伙伴吗？"<br>③与读者对话，如："跟紧了，我要加速了！" |
| 明示 | ①有奖竞答，如："即日起至 10 月 5 日，关注 @ 肯德基官方微博，并在评论区带话题 # 红骑士值得你期待 # 留言分享你身边肯德基红骑士的故事，我们将随机抽取 5 位幸运儿各获得肯德基红骑士'鸡腿'券 1 张（0 元吮指原味鸡券，消费满 59 元享）。还不快来分享～"<br>②邀请评论，如："肯德基全家桶，是陪伴也是分享～还记得第一次吃全家桶是什么时候吗？评论区说说你和全家桶的故事吧～" |

### （3）运用好微博特有功能

"@"符号是微博中常用的一个标志性符号，在文案中的使用频率很高，@ 后面接微博的账户名，意为"对某人说"或者"需要引起某人的注意"。企业可在微博中 @ 消费者或 @ 明星，提高关注度，与读者互动。

另外，微博文案中可以插入链接，转入其他页面，可以是文章、视频，还可以是店铺地址、购买窗口。如图 8-11 所示。

图 8-11 微博文案链接

### 8.2.3 网站长文书写

除了自媒体平台，企业还可在各大网站上发布文案，传递企业的各项信息，如企业官网和各类资讯网站。

#### （1）企业官网

官网几乎汇聚了一个企业的所有信息，一般一个页面展示一篇文案内容。文案内容不受限制，可以是长文，可以是短文，不过需要遵守以下两点写作原则。

**格式简单**。越是内容丰富的文案，格式越要清晰简洁。和读书不一样，人们浏览网页的速度普遍较快，为了让读者在短时间内得到关键信息，创造者最好不要设计复杂的格式。如图 8-12 所示为伊利品牌官网的企业新闻文案，用最简单的分段描写，小标题加粗提示，三、四行即分为一段，阅读起来轻松、没难度。

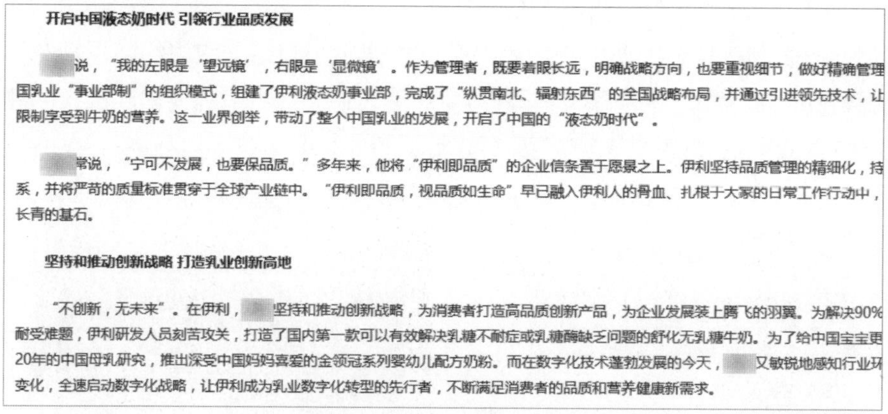

图 8-12 伊利官网新闻文案

**内容实在**。官网内的文案是给大众阅读的，不像企业内部文案需要专业的术语，也不像促销文案需要很多的修饰语，书写者直白地叙述展示关键的信息即可。如介绍企业某项重要事件，只需说清楚事件 6 要素（时间、地点、人物、起因、经过、结果），文案便已基本成形。

#### （2）资讯网站

资讯网站指为不同人群提供资讯的网站，有财经类、健康类、医药类、体育类、服装类、新闻类和时尚类等各种类别。其中，门户网站提供各类资讯，各行各业的人都能在门户网站上得到其想要的资讯。

因此，门户网站也成了企业发布信息的平台，如发布新闻通告、公关文章、公告等，这类文案较为正式，一般会选择比较权威的新闻网站或门户网站进行发布。

## 8.2.4　电商平台文案书写

电商平台指为企业或个人提供网上交易洽谈的平台，常见的电商平台有淘宝、京东等，大大小小的企业，哪怕是个人卖家都能入驻电商平台，进行销售经营活动。

如何展示并介绍产品是企业要思考的问题，具体表现在产品购买页和产品详情页的编写中。下面来看看不同页面的文案编写应该注意些什么。

### （1）产品购买页

产品购买页即消费者在电商平台下单的页面，该页面对所购产品会有简单介绍，大多是图文结合，如图 8-13 所示。

图 8-13　产品购买页面

从图 8-13 中可以看出，产品购买页的图片展示多为产品外包装，让消费者清楚所购产品是什么。而文案介绍则各有侧重，大致包括以下 3 种书写模式。

品牌＋品名＋规格＋用途

店铺名＋品名＋规格＋适宜人群

品牌＋成分＋品名＋功效＋规格

可见，购买页的文案介绍以简约、概括为主，并不受文法的约束，目的是配合电商平台的关键字搜索，提高产品流量。书写者可根据需要呈现的重要产品信息来编写，不过品牌与品名最好保留。

### （2）产品详情页

产品详情页即出售商品的主图页面，详细介绍产品功能、款式、材质等，帮助消费者了解产品，该页文案应该全面展示产品的优势，这样才能吸引消费者购买。

如图 8-14 所示为某款护肤产品的详情页内容，从不同方面展示了产品有关信息。

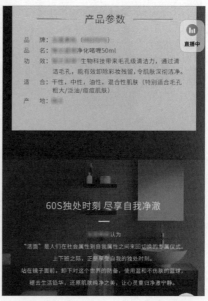

图 8-14　产品详情页

**图 8-14　产品详情页（续）**

　　从图 8-14 中能够了解到，产品详情页是以图为主、文字为辅，主要从视觉上给消费者以冲击力，内容上也不受拘束，与该产品销售活动有关的内容都可在详情页中展示。

虽然详情页是图片说明，但也有基本的逻辑顺序，先总后分。首先一张产品展示图，配上品名和广告标语，给消费者留下整体印象，并对产品的主要功能心中有数。接着展示产品参数和生产理念，不仅让消费者了解产品的基本信息，还从生活美学出发升华了洁面的概念。

然后，分别从使用场景、四大功效、尖端技术和生效过程详细呈现产品，图片的表达生动形象，让产品变得更加立体。

除了展示产品的整体与细节，文案内容还可以从消费者的角度出发，对其感兴趣的话题及使用体验简单提及。如图 8-15 所示，通过问答模式和真实的用户体验打消消费者的诸多疑虑，从而使其更加信赖产品。

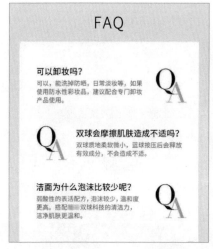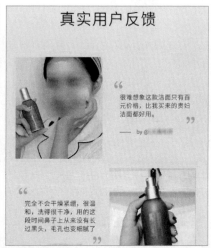

图 8-15　用户疑问及反馈

该详情页内容从整体到细节，从高端技术到实在反馈，从产品到消费者，通过二元的书写全方位呈现有关内容，书写者可参考借鉴。

## 8.2.5　电子邮件文案书写

可能很多人对电子邮件的认识多为通信工具，通过网络的电子邮件系统，用户可以以非常低廉的价格（不管发送到哪里，都只需负担网费）、非常快速的方式（几秒钟之内可以发送到世界范围内指定的目的地），与全球大部分的网络用户联系。

其实，作为交流与维系关系的邮件，在企业的营销推广上也有很大助力。具体如表 8-4 所示。

表 8-4　邮件营销的优势

| 优势 | 具体介绍 |
| --- | --- |
| 形式多样 | 邮件可以传播文字、图片、文档、视频、链接等，文案表现形式与篇幅都不受限制，即使是大容量的资料也能通过压缩包传递，可以让用户对品牌及产品有全面的了解 |
| 针对性强 | 虽然邮件可以群发，但并不是公开发布，所以受众对象的针对性非常强，直达读者私人邮箱。比起在海量文案中吸引读者，通过邮件发布文案更易得到关注 |
| 个性化 | 针对不同的读者、用户，企业可制定专门的内容进行推广，受众分化越精准，越能击中对方的痛点，提高推广的有效性 |
| 便于分析 | 企业可通过后台的各项反馈数据，如打开率、点击率、地域、阅读时间、阅读时长等总结经验，不断优化文案内容，写出更受读者欢迎的内容 |

那么，企业是如何展开邮件营销的呢？主要包括企业声明、电子邮件订阅、科普说明、售后反馈、日常关怀等形式。

**企业声明。**企业声明即企业就某个问题，如商标真假、授权与否、虚假诈骗等向社会公开澄清而发表的一种文告，可以在公共平台发布，也可以通过邮箱发布给消费者或潜在消费者。如图 8-16 所示为某企业的澄清声明，首先叙述事件起因，然后作出声明，让读者能获取到关键信息。

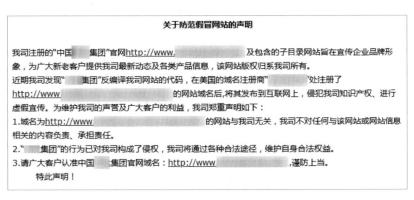

图 8-16　某企业关于防范假冒网站的声明

**电子邮件订阅。** 邮件订阅是免费为用户提供杂志订阅的服务，企业通过该服务可定期为消费者发送邮件，内容多为企业内部杂志期刊、宣传资料等。如图 8-17 所示，读者通过"点此订阅"便可定期收到企业邮件。

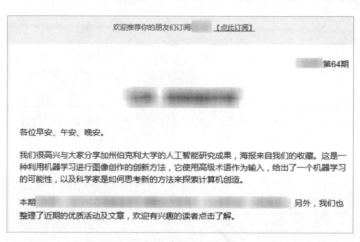

图 8-17　企业电子邮件订阅

**科普说明。** 除了向消费者发布与企业有关的信息，邮件还可通过常识、技巧内容吸引读者，让读者获得知识性"干货"。这类邮件是读者最不反感的类型，长期发布能在读者心中留下好的品牌印象。

**售后反馈。** 对于消费者的投诉、建议及疑难问题，企业都可以通过邮件解决，无论是长期追踪，还是定期回访，都非常方便。如图 8-18 所示。

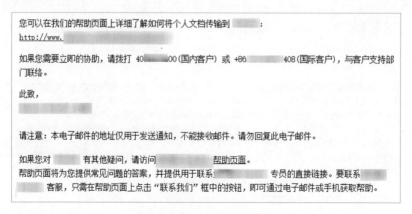

图 8-18　售后服务邮件文案

**日常关怀**。企业要与客户保持联系，除了发布商业信息外，还可以给予日常关怀，这类文案能表达企业的人性化，有助于提高企业形象。如图8-19 所示为消费者生日时企业发送的文案，简单的几句祝福语，配上欢乐的视频，传递了满满祝福。

图 8-19 消费者生日祝福文案

扫码做习题          扫码看答案